POEMS
OF
JERUSALEM

Also by Yehuda Amichai

Poems

Songs of Jerusalem and Myself

Amen

Time

Love Poems

Great Tranquillity: Questions and Answers

The Selected Poetry of Yehuda Amichai

Yehuda Amichai

POEMS OF JERUSALEM

A BILINGUAL EDITION

PERENNIAL LIBRARY

HARPER & ROW, PUBLISHERS, New York
Cambridge, Philadelphia, San Francisco
London, Mexico City, São Paulo, Singapore, Sydney

iii

Contents

3 All the Generations Before Me
כל הדורות שלפני

5 Jerusalem
ירושלים

7 If I Forget Thee, Jerusalem
אם אשכחך, ירושלים

11 Like the Inner Wall of a House
כמו קיר פנימי של בית

15 Out of Three or Four in a Room
משלושה או ארבעה בחדר

17 Letter of Recommendation
מכתב המלצה

19 This is My Mother's House
זה בית אמי

23 In Rabbi Kook Street
ברחוב הרב קוק

25 I Lived for Two Months in Quiet Abu Tor
גרתי חָדשַׁיִם באבו טור

29 The United Nations' Command in Jerusalem
מפקדת האו"ם בבית הנציב בירושלים

33 Suicide Attempts of Jerusalem
נסיונות ההתאבדות של ירושלים

35 Sleep in Jerusalem
שנה בירושלים

37 Mayor
ראש עיר

39   *from* Jerusalem 1967
     ירושלים 1967

65   *from* Songs of Zion the Beautiful
     שירי ארץ ציון ירושלים

87   Songs of Continuity
     שירי הֶמשך

89   The Diameter of the Bomb
     קוטר הפצצה

91   These Words
     המלים האלה

93   The Little Park Planted
     הגן שנשתל

95   Jerusalem is a Cradle
     ירושלים עיר ערש

97   At an Archaeological Site
     ליד חפירה ארכיאולוגית

99   In This Valley
     בעמק הזה

101 Ecology of Jerusalem
     אקולוגיה של ירושלים

103 Damascus Gate in Jerusalem
     שער שכם

105 The Windmill in Yemin Moshe
     הטחנה בימין משה

107 An Arab Shepherd is Searching for His Goat on Mount Zion
     רועה ערבי מחפש גדי בהר ציון

109   Jerusalem is Full of Used Jews
ירושלים מלאה יהודים מְשֻׁמָּשִׁים

111   Lying in Wait for Happiness
במדרגות הרחבות — במארב לָאֹשֶׁר

113   I Don't Know If History Repeats Itself
אינני יודע אם ההיסטוריה חוזרת

115   Two Girls Live in an Old House
בבית הישן גרות שתי נערות

117   Psalm
מזמור

121   You Mustn't Show Weakness
אסור להראות חֻלְשָׁה

125   *from* Laments for the Fallen in the War
קינות על המתים במלחמה

127   In the Old City
בעיר העתיקה

129   The Heavens are the Lord's Heavens
השמים שמים לאדֹנָי

131   And So You Find Yourself
וכך אתה עומד

133   A Tourist
תֵּיָרֶת

135   Tourists
תַּיָרִים

POEMS
OF
JERUSALEM

כָּל הַדּוֹרוֹת שֶׁלְּפָנַי

כָּל הַדּוֹרוֹת שֶׁלְּפָנַי תָּרְמוּ אוֹתִי
קִמְעָה קִמְעָה כְּדֵי שֶׁאוּקַם כָּאן בִּירוּשָׁלַיִם
בְּבַת אַחַת, כְּמוֹ בֵּית־תְּפִלָּה אוֹ מוֹסַד צְדָקָה.
זֶה מְחַיֵּב. שְׁמִי הוּא שֵׁם תּוֹרְמַי.
זֶה מְחַיֵּב.

אֲנִי מִתְקָרֵב לְגִיל מוֹת אָבִי.
צַוָּאָתִי מְטֻלֶּאת בְּהַרְבֵּה טְלָאִים,
אֲנִי צָרִיךְ לְשַׁנּוֹת אֶת חַיַּי וְאֶת מוֹתִי
יוֹם יוֹם כְּדֵי לְקַיֵּם אֶת כָּל הַנְּבוּאוֹת
שֶׁנִּבְּאוּ אוֹתִי. שֶׁלֹּא יִהְיוּ שֶׁקֶר.
זֶה מְחַיֵּב.

עָבַרְתִּי אֶת שְׁנַת הָאַרְבָּעִים. יֵשׁ
מִשְׂרוֹת שֶׁבָּהֶן לֹא יְקַבְּלוּ אוֹתִי
בְּשֶׁל כָּךְ. אִלּוּ הָיִיתִי בְּאוֹשְׁוִיץ,
לֹא הָיוּ שׁוֹלְחִים אוֹתִי לַעֲבֹד,
הָיוּ שׂוֹרְפִים אוֹתִי מִיָּד.
זֶה מְחַיֵּב.

All the Generations Before Me

All the generations before me
donated me, bit by bit, so that I'd be
erected all at once
here in Jerusalem, like a house of prayer
or charitable institution.
It binds. My name's
my donors' name.
It binds.

I'm approaching the age
of my father's death. My last
will's patched with many patches.
I have to change my life and death
daily to fulfill all the prophecies
prophesied for me. So they're not lies.
It binds.

I've passed forty.
There are jobs I cannot get
because of this. Were I in Auschwitz
they would not have sent me out to work,
but gassed me straightaway.
It binds.

Translated by Harold Schimmel

יְרוּשָׁלַיִם

עַל גַּג בָּעִיר הָעַתִּיקָה,
כְּבִיסָה מוּאֶרֶת בְּאוֹר אַחֲרוֹן שֶׁל יוֹם:
סָדִין לָבָן שֶׁל אוֹיֶבֶת,
מַגֶּבֶת שֶׁל אוֹיֵב
לְנַגֵּב בָּהּ אֶת זֵעַת אַפּוֹ.

וּבִשְׁמֵי הָעִיר הָעַתִּיקָה
עֲפִיפוֹן.
וּבִקְצֵה הַחוּט —
יֶלֶד,
שֶׁלֹּא רָאִיתִי אוֹתוֹ,
בִּגְלַל הַחוֹמָה.

הֶעֱלֵינוּ הַרְבֵּה דְּגָלִים,
הֶעֱלוּ הַרְבֵּה דְּגָלִים.
כְּדֵי שֶׁנַּחְשֹׁב שֶׁהֵם שְׂמֵחִים.
כְּדֵי שֶׁיַּחְשְׁבוּ שֶׁאֲנַחְנוּ שְׂמֵחִים.

Jerusalem

On a roof in the Old City
laundry hanging in the late afternoon sunlight:
the white sheet of a woman who is my enemy,
the towel of a man who is my enemy,
to wipe off the sweat of his brow.

In the sky of the Old City
a kite.
At the other end of the string,
a child
I can't see
because of the wall.

We have put up many flags,
they have put up many flags.
To make us think that they're happy.
To make them think that we're happy.

Translated by Stephen Mitchell

אִם אֶשְׁכָּחֵךְ, יְרוּשָׁלַיִם

אִם אֶשְׁכָּחֵךְ, יְרוּשָׁלַיִם,
תִּשְׁכַּח יְמִינִי.
תִּשְׁכַּח יְמִינִי, תִּזְכֹּר שְׂמֹאלִי,
תִּזְכֹּר שְׂמֹאלִי, תִּסְגֹּר יְמִינֵךְ,
יִפָּתַח פִּיךְ לְיַד הַשַּׁעַר.

אֶזְכֹּר אֶת יְרוּשָׁלַיִם,
אֶשְׁכַּח אֶת הַיַּעַר. תִּזְכֹּר אֲהוּבָתִי,
תִּפְתַּח שַׂעְרָהּ, תִּסְגֹּר אֶת חַלּוֹנִי,
תִּשְׁכַּח יְמִינִי,
תִּשְׁכַּח שְׂמֹאלִי.

אִם רוּחַ מַעֲרָב לֹא תָּבוֹא, לֹא אֶמְחַל לַחוֹמוֹת,
לֹא אֶסְלַח לַיָּם, לֹא אֶסְלַח לְעַצְמִי.
תִּשְׁכַּח יְמִינִי
תִּסְלַח שְׂמֹאלִי,
אֶשְׁכַּח כָּל מַיִם.
אֶשְׁכַּח אֶת אִמִּי.

If I Forget Thee, Jerusalem

If I forget thee, Jerusalem,
Then let my right be forgotten.
Let my right be forgotten, and my left remember.
Let my left remember, and your right close
And your mouth open near the gate.

I shall remember Jerusalem
And forget the forest — my love will remember,
Will open her hair, will close my window,
Will forget my right,
Will forget my left.

If the west wind does not come
I'll never forgive the walls,
Or the sea, or myself.
Should my right forget,
My left shall forgive,
I shall forget all water,
I shall forget my mother.

אִם אֶשְׁכָּחֵךְ, יְרוּשָׁלַיִם,
יִשְׁכַּח דָּמִי.
אֶגַּע בְּמִצְחֵךְ, אֶשְׁכַּח אֶת שֶׁלִּי.
יִתְחַלֵּף קוֹלִי
בַּפַּעַם הַשְּׁנִיָּה וְהָאַחֲרוֹנָה
לְקוֹל נוֹרָא מִן הַקּוֹלוֹת
אוֹ לְאֵלֶם.

If I forget thee, Jerusalem,
Let my blood be forgotten.
I shall touch your forehead,
Forget my own,
My voice change
For the second and last time
To the most terrible of voices —
Or silence.

Translated by Assia Gutmann

כְּמוֹ קִיר פְּנִימִי שֶׁל בַּיִת

כְּמוֹ קִיר פְּנִימִי שֶׁל בַּיִת
שֶׁנַּעֲשָׂה חִיצוֹנִי אַחַר מִלְחָמוֹת וָהֶרֶס,
כָּךְ מָצָאתִי אֶת עַצְמִי פִּתְאֹם
וּמֻקְדָּם מִדַּי בְּחַיַּי, כִּמְעַט שָׁכַחְתִּי
מַהוּ לִהְיוֹת בִּפְנִים. כְּבָר לֹא כּוֹאֵב.
כְּבָר לֹא אוֹהֵב. וְרָחוֹק וְקָרוֹב,
שְׁנֵיהֶם בְּמֶרְחָק גָּדוֹל מִמֶּנִּי וְשָׁוֶה.

אֶת אֲשֶׁר קוֹרֶה לַצְּבָעִים לֹא שִׁעַרְתִּי.
דִּינָם כְּדִין בְּנֵי אָדָם: תְּכֵלֶת מְנַמְנֶמֶת
בְּזִכָּרוֹן כָּחֹל וְלַיְלָה. חִוָּרוֹן נֶאֱנָח
בַּחֲלוֹם אָדֹם, רוּחַ מְבִיאָה רֵיחוֹת
מֵרָחוֹק וּבָהּ אֵין רֵיחַ. עֲלֵי הֶחָצָב
מֵתִים זְמַן רַב לִפְנֵי פִּרְחָם הַלָּבָן,
שֶׁלֹּא יֵדַע עַל
הַיְרֻקִּים בָּאָבִיב וּבְאַהֲבָה כֵּהָה.

Like the Inner Wall of a House

I found myself
Suddenly, and too early in life,
Like the inner wall of house
Which has become an outside wall after wars and
        devastations.
I almost forget
How it is to be inside. No pain anymore,
No love. Near and far
Are both at the same distance from me
And equal.

I never imagined what happens to colors.
Their fate is man's fate: light blue still slumbers
In the memory of dark blue and night. Paleness
Sighs out of a purple dream. A wind brings smells
From far off
And itself has no smell.
And the leaves of the hatzav* die
Long before their white flower,
Which never knows
About the greenness in spring and dark love.

* Hatzav — a wild flower whose leaves grow and die in spring and whose
  white flower grows only in autumn.

אֲנִי נוֹשֵׂא עֵינַי לֶהָרִים. אֲנִי מֵבִין עַכְשָׁו
מַהוּ לָשֵׂאת עֵינַיִם, אֵיזֶה מַשָּׂא כָּבֵד
הוּא זֶה. אֲבָל הַגַּעְגּוּעִים הַחֲזָקִים,
הַכְּאֵב־לֹא־לִהְיוֹת־שׁוּב־בִּפְנִים־לְעוֹלָם.

I lift my eyes to the mountains. Now I understand
What it means to lift eyes, what a heavy load
It is. But those hard longings,
That pain-never-again-to-be-inside!

Translated by Y.A. & Ted Hughes

מִשְּׁלֹשָׁה אוֹ אַרְבָּעָה בַּחֶדֶר

מִשְּׁלֹשָׁה אוֹ אַרְבָּעָה בַּחֶדֶר
תָּמִיד אֶחָד עוֹמֵד לְיַד הַחַלּוֹן.
מֻכְרָח לִרְאוֹת אֶת הָעָוֶל בֵּין קוֹצִים
וְאֶת הַשְּׂרֵפוֹת בַּגִּבְעָה.
וְכֵיצַד אֲנָשִׁים שֶׁיָּצְאוּ שְׁלֵמִים
מֻחְזָרִים בָּעֶרֶב כְּמַטְבְּעוֹת עֹדֶף לְבֵיתָם.

מִשְּׁלֹשָׁה אוֹ אַרְבָּעָה בַּחֶדֶר
תָּמִיד אֶחָד עוֹמֵד לְיַד הַחַלּוֹן.
שְׂעָרוֹ הָאָפֵל מֵעַל לְמַחְשְׁבוֹתָיו.
מֵאֲחוֹרָיו הַמִּלִּים.
וּלְפָנָיו הַקּוֹלוֹת הַנּוֹדְדִים בְּלִי תַּרְמִיל,
לְבָבוֹת בְּלִי צֵידָה, נְבוּאוֹת בְּלִי מַיִם
וַאֲבָנִים גְּדוֹלוֹת שֶׁהוּשְׁבוּ
וְנִשְׁאֲרוּ סְגוּרוֹת כַּמִּכְתָּבִים שֶׁאֵין
לָהֶם כְּתֹבֶת וְאֵין מְקַבֵּל.

Out of Three or Four in a Room

Out of three or four in a room
One is always standing at the window.
Forced to see the injustice among the thorns,
The fires on the hill.
And people who left whole
Are brought home in the evening, like small change.

Out of three or four in a room
One is always standing at the window.
Hair dark above his thoughts.
Behind him, the words.
And in front of him, voices, wandering, without luggage.
Hearts without provision, prophecies without water
And big stones put there
And staying closed, like letters
With no addresses, and no one to receive them.

Translated by Assia Gutmann

מִכְתַּב הַמְלָצָה

בְּלֵילוֹת קַיִץ אֲנִי יָשֵׁן
עָרֹם בִּירוּשָׁלַיִם, בְּמִטָּתִי
שֶׁעַל שְׂפַת הַגַּיְא הֶעָמֹק
בְּלִי לְהִתְגַּלְגֵּל לְתוֹכוֹ.

בַּיּוֹם אֲנִי מְהַלֵּךְ
וַעֲשֶׂרֶת הַדִּבְּרוֹת בְּפִי,
כְּפִזְמוֹן יָשָׁן, שֶׁאָדָם מְפַזֵּם לְעַצְמוֹ.

תִּגְּעִי בִּי, תִּגְּעִי בִּי, אִשָּׁה טוֹבָה!
זוֹ לֹא צַלֶּקֶת, שֶׁאַתְּ חָשָׁה מִתַּחַת לְחֻלְצָתִי.
זֶה מִכְתַּב הַמְלָצָה מְקֻפָּל מְאֹד שֶׁל אָבִי:
"הוּא, בְּכָל זֹאת, יֶלֶד טוֹב וּמָלֵא אַהֲבָה".

אֲנִי זוֹכֵר אֶת אָבִי שֶׁעוֹרֵר אוֹתִי לִסְלִיחוֹת.
בִּלְטִיפַת מִצְחִי עָשָׂה כָּךְ,
לֹא בִּקְרִיעַת הַשְּׂמִיכָה מֵעָלַי.

וּמֵאָז אֲנִי אוֹהֵב אוֹתוֹ עוֹד יוֹתֵר.
וּבִזְכוּת זֹאת יָעִירוּ אוֹתוֹ
בַּעֲדִינוּת וּבְאַהֲבָה
בְּיוֹם תְּחִיַּת הַמֵּתִים.

Letter of Recommendation

On summer nights I sleep naked
in Jerusalem on my bed,
which stands on the brink
of a deep valley
without rolling down into it.

During the day I walk about,
the Ten Commandments on my lips
like an old song someone is humming to himself.

Oh, touch me, touch me, you good woman!
This is not a scar you feel under my shirt.
It's a letter of recommendation, folded,
from my father:
"He is still a good boy and full of love."

I remember my father waking me up
for early prayers. He did it caressing
my forehead, not tearing the blanket away.

Since then I love him even more.
And because of this
let him be woken up
gently and with love
on the Day of Resurrection.

Translated by Y.A. & Ted Hughes

זֶה בֵּית אִמִּי

זֶה בֵּית אִמִּי. הַצֶּמַח שֶׁהִתְחִיל לְטַפֵּס עָלָיו
בְּיַלְדוּתִי הִמְשִׁיךְ לַעֲלוֹת וְלִדְבֹּק בְּקִירוֹתָיו,
אֲבָל אֲנִי מִזְּמַן נִתַּקְתִּי.

הוֹי אִמִּי, בְּעֶרֶב יָלַדְתְּ אוֹתִי, בְּעֶצֶב חַי הַבֵּן:
עַצְבוּתוֹ מְסֹרֶקֶת לְמִשְׁעִי וְשִׂמְחָתוֹ לְבוּשָׁה בִּקְפִידָה,
בַּחֲלוֹמוֹ יָבִיא לַחְמוֹ וּבְלַחְמוֹ, חֲלוֹמוֹ,
הַמְּמֻצָּע הַשְּׁנָתִי שֶׁל הַגֶּשֶׁם לֹא יַגַּע בּוֹ
וּמִדּוֹת הַחֹם יַעַבְרוּ לְיָדוֹ בְּצֵל בּוֹכֶה.

הוֹי אִמִּי, שֶׁהִשְׁקֵית אוֹתִי מַשְׁקֶה רִאשׁוֹן
שֶׁל "בָּרוּךְ הַבָּא" בָּעוֹלָם הַזֶּה,
לְחַיִּים, בְּנִי, לְחַיִּים!
לֹא שָׁכַחְתִּי דָּבָר מֵאָז, אַךְ חַיַּי נַעֲשׂוּ
שְׁקֵטִים וַעֲמֻקִּים כִּגְמִיעָה הַשְּׁנִיָּה,
עֲמֻקָּה בַּגָּרוֹן, לֹא כָּרִאשׁוֹנָה
בִּשְׂפָתַיִם מְמַצְמְצוֹת וַעֲלִיזוֹת.

This is My Mother's House

This is my mother's house. The plant
which started to climb on it
in my childhood has grown since and
clings to its wall. But I was
torn away long ago.

Mother, in pain you gave birth to me,
in pain lives your son.
His sadness is combed and groomed,
his happiness well dressed.
With his dream he earns his bread
and with his bread his dream.
The average annual rainfall
does not touch him
and degrees of temperature will
pass by him in weeping shade.

Oh my mother, who presented
me with a first welcome drink
in this world: L'haim, l'haim,*
my son!
I haven't forgotten a thing, but my life
has become calm and deep
like a second gulp deep in the throat,
not like the first one, with sucking
smacking, happy lips.

* L'haim — "To your health!" in Hebrew.

צְעָדַיִךְ בַּמַּדְרֵגוֹת תָּמִיד בְּתוֹכִי,
לֹא מִתְקָרְבִים וְלֹא מִתְרַחֲקִים, כְּמוֹ פְּעִימוֹת לֵב.

Your steps on the stairs
have always stayed in me,
never coming nearer and never going away,
like heartbeats.

Translated by Y.A. & Ted Hughes

בִּרְחוֹב הָרַב קוּק

בִּרְחוֹב הָרַב קוּק
אֲנִי עוֹלֶה בְּלִי הָאִישׁ הַטּוֹב הַזֶּה.
שְׁטְרַיְמְל שֶׁחָבַשׁ לִתְפִלָּה
צִילִינְדֶר מֶשִׁי שֶׁחָבַשׁ לְשִׁלְטוֹן
מוּעָפִים בְּרוּחַ הַמֵּתִים
מֵעָלַי, צָפִים עַל פְּנֵי הַמַּיִם
שֶׁל חֲלוֹמוֹתַי.
אֲנִי בָּא לִרְחוֹב הַנְּבִיאִים, שֶׁאֵין בּוֹ
וְלִרְחוֹב הַחַבָּשִׁים, שֶׁיֵּשׁ בּוֹ אֲחָדִים, אֲנִי
מְחַפֵּשׂ לָךְ מְקוֹם מְגוּרִים אַחֲרַי,
מְרַפֵּד אֶת הַקֵּן לָךְ לְבַדֵּךְ,
מַתְקִין אֶת מְקוֹם יִסּוּרַי בְּזֵעַת אַפִּי,
בּוֹדֵק אֶת הַדֶּרֶךְ בָּהּ תַּחַזְרִי
וְאֶת חַלּוֹן חַדְרֵךְ, הַפֶּצַע הַגָּדוֹל,
בֵּין סָגוּר וּבֵין פָּתוּחַ, בֵּין מוּאָר וּבֵין חָשׁוּךְ.

יֵשׁ רֵיחוֹת שֶׁל עוּגָה מִתּוֹךְ הַחֻרְבָּה,
יֵשׁ חֲנוּת שֶׁבָּהּ מְחַלְּקִים סִפְרֵי תַּנָ"ךְ חִנָּם,
חִנָּם, חִנָּם. יוֹתֵר מִנָּבִיא אֶחָד
כְּבָר יָצָא מִסְּבַךְ הַסִּמְטָאוֹת הָאֵלֶּה
כְּשֶׁהַכֹּל מִתְמוֹטֵט עָלָיו וְהוּא נַעֲשֶׂה אַחֵר.

אֲנִי עוֹלֶה בִּרְחוֹב הָרַב קוּק.
מִטַּחֵךְ עַל גַּבִּי כְּמוֹ צְלָב,
אַךְ קָשֶׁה לְהָנִיחַ
שֶׁמִּטַּת אִשָּׁה תִּהְיֶה סֵמֶל שֶׁל דָּת חֲדָשָׁה.

In Rabbi Kook Street

I'm going up Rabbi Kook Street
without this good man.
A religious hat he wore for prayer
silk cylinder for government
fly in the wind of the dead
over me, float on the face of the water
of my dreams.
I get to Prophets Street, there aren't any,
and the Street of the Ethiopians, there are several. I'm
scouting out where you'll live after me,
I weave the nest for you alone,
fix my pain's place with my brow's sweat,
check the road you'll get back by
and the windows of your room, big wound,
between shut and open, light and dark.

Cake smells from inside the ruin,
a shop where they give out Bibles free,
free, free. More than one prophet's
emerged from this tangle of alleys
as if all's caved in and he becomes another.

I'm going up Rabbi Kook Street,
on my back your bed like a cross,
though it's hard to suppose
a woman's bed the icon of a new religion.

Translated by Dennis Silk

גַּרְתִּי חָדְשַׁיִם בְּאַבּוּ טוֹר

גַּרְתִּי חָדְשַׁיִם בְּאַבּוּ טוֹר בְּתוֹךְ הַשֶּׁקֶט,
גַּרְתִּי שְׁבוּעַיִם בְּגֵיא בֶּן הִנֹּם,
בְּבַיִת שֶׁהָרְסוּ אוֹתוֹ אַחֲרֵי וּבְבַיִת אַחֵר,
שֶׁהֵקִימוּ עָלָיו קוֹמָה נוֹסֶפֶת, וּבְבַיִת
שֶׁתָּמְכוּ בְּקִירוֹתָיו הַמָּטִים, כְּפִי שֶׁמֵּעוֹלָם
לֹא תָּמְכוּ בִּי. מוֹתַר הַבַּיִת מִן הָאָדָם.
שֵׁב שִׁבְעָה עַכְשָׁו, הִתְרַגֵּל לִישִׁיבָה נְמוּכָה
שֶׁמִּמֶּנָּה כָּל הַחַיִּים יֵרָאוּ לְךָ כְּמִגְדָּלִים.
הֶסְפֵּד מִתְפַּזֵּר בְּעִיר אֲרוּרַת הָרוּחוֹת, יְרוּשָׁלַיִם
הָעַתִּיקָה רוֹעֶשֶׁת בְּדִמְמַת זָהָב רָע. כִּשּׁוּפֵי
כִּסּוּפִים. אֲוִיר הָעֲמָקִים מֵצְלָף בְּעַנְפֵי
זַיִת לְמִלְחָמוֹת חֲדָשׁוֹת, זֵיתִים שְׁחוֹרִים
וְקָשִׁים כְּמוֹ בְּמַגְלֵב, אֵין תִּקְוָה בֵּין
עֵינַי, אֵין תִּקְוָה בֵּין רַגְלַי בְּמַכְפֵּלַת
הַכִּפּוֹת שֶׁל תַּאֲוָתִי. גַּם פָּרָשַׁת בַּר מִצְוָתִי
הָיְתָה כְּפוּלָה, תַּזְרִיעַ־מְצֹרָע, וּמְסַפֶּרֶת
עַל מַחֲלוֹת עוֹר מַבְרִיקוֹת בְּצִבְעָם נִפְצָעִים,
בְּאֹדֶם גּוֹסֵס וּבְצֹהַב גָּפְרִית־סְדוֹם שֶׁל מֻגְלָה.
מִלְמוּלֵי חִשּׁוּבֵי קֵץ, גִּימַטְרִיּוֹת שֶׁל עִנּוּיִים,
נוֹטְרִיקוֹן עָקָר שֶׁל אֲבַדּוֹן, מִשְׂחָק שַׁחְמַט
שֶׁל עֶשְׂרִים וְאַרְבַּע מִשְׁבְּצוֹת תַּאֲוָה
וְעֶשְׂרִים וְאַרְבַּע מִשְׁבְּצוֹת מֵאוּס.
וְגַם יְרוּשָׁלַיִם כְּיוֹרָה רוֹתַחַת בִּכְבֵדוּת, דַּיְסָה
בִּצְּתִית, וְכָל הַבִּנְיָנִים בָּהּ — בּוּעוֹת בּוֹלְטוֹת,
בָּבוֹת עֵינַיִם נִדְחָקוֹת מִתּוֹךְ חוֹרֵיהֶן,

I Lived for Two Months in (

I lived for two months in Abu T
I lived for two weeks in the Valle
in a house that was destroyed aft
that had an additional story built
collapsing walls were supported, a
was never supported. A house hat
Sit *shiva* now, get used to a low sea
from which all the living will seem
A eulogy is scattered in the wind-cu
Jerusalem clamors in the stillness of
of yearning. The air of the valleys is
to new wars, olives black and
hard as the knots in a whip, there is n
my eyes, there is no hope between my
domes of my lust. Even the Torah por
was double, *Inseminstion / Leprosy,* a
of skin diseases shining with wounded
with death-agony red and the Sodom-s
Muttered calculations of the apocalyps

sterile acrostics of oblivion, a chess gam
with twenty-four squares of lust and
twenty-four squares of disgust.
And Jerusalem too is like a cauldron coo
porridge, and all her buildings are swollen
eyeballs bulging from their sockets,

צוּרַת כִּפָּה, צוּרַת מִגְדָּל, צוּרַת גַּג שָׁטוּחַ אוֹ מְשֻׁפָּע,
הַכֹּל בּוֹעוֹת לִפְנֵי הַהִתְפַּקְּעוּת. וֵאלֹהִים
נוֹטֵל אֶת הַנָּבִיא הַקָּרוֹב אֵלָיו בְּאוֹתוֹ רֶגַע,
וּכְמוֹ בְּכַף־מְבַשְּׁלִים הוּא בּוֹחֵשׁ בָּהּ וּבוֹחֵשׁ בָּהּ.

the shape of a dome, of a tower, of a flat or sloping roof,
all are bubbles before bursting. And God
takes the prophet who happens to be near him at the moment,
and as if with a wooden spoon he stirs it up, stirs and stirs.

Translated by Stephen Mitchell

מִפְקֶדֶת הָאוּ״ם בְּבֵית הַנָּצִיב בִּירוּשָׁלַיִם

הַמְתַוְּכִים, הַמַּשְׁלִימִים, הַמְפַשְּׁרִים, הַמַּרְגִּיעִים
גָּרִים בַּבַּיִת הַלָּבָן
וּמְקַבְּלִים מְזוֹנוֹתֵיהֶם מֵרָחוֹק,
בְּצִנּוֹרוֹת עֲקַלְקַלִּים, בְּעוֹרְקִים אֲפֵלִים, כְּעֻבָּר.

וּמַזְכִּירוֹתֵיהֶם צְבוּעוֹת שְׂפָתַיִם וְצוֹחֲקוֹת,
וְהַנֶּהָגִים הַחֲסֻנִּים מְחַכִּים לְמַטָּה, כְּסוּסִים בָּאֻרְוָה,
וְהָאִילָנוֹת, שֶׁצִּלָּם, צֵל עֲלֵיהֶם, שָׁרְשֵׁיהֶם בְּשֶׁטַח הַהֶפְקֵר
וְהָאַשְׁלָיוֹת הֵן יְלָדִים שֶׁיָּצְאוּ לִמְצֹא רַקָּפוֹת בַּשָּׂדֶה
וְאֵינָם שָׁבִים.

וְהַמַּחֲשָׁבוֹת עוֹבְרוֹת מֵעַל, בְּלִי שֶׁקֶט, כִּמְטוֹסֵי סִיּוּר,
וּמְצַלְּמוֹת וְחוֹזְרוֹת וּמְפַתְּחוֹת תְּמוּנוֹת
בַּחֲדָרִים אֲפֵלִים וַעֲצוּבִים.

וַאֲנִי יוֹדֵעַ כִּי יֵשׁ לָהֶם נִבְרָשׁוֹת כְּבֵדוֹת מְאֹד,
וְהַיֶּלֶד־שֶׁהָיִיתִי יוֹשֵׁב עֲלֵיהֶן וּמִתְנַדְנֵד
הָלוֹךְ וָשׁוֹב, הָלוֹךְ וָשׁוֹב, הָלוֹךְ עַד בְּלִי שׁוּב.

וְאַחַר כָּךְ יָבוֹא הַלַּיְלָה לְהוֹצִיא
מַסְקָנוֹת חֲלוּדוֹת וּמְעֻקָּמוֹת מִתּוֹךְ חַיֵּינוּ הַיְשָׁנִים,
וּמֵעַל לְכָל הַבָּתִּים תְּלַקֵּט הַמַּנְגִּינָה אֶת הַדְּבָרִים הַפְּזוּרִים

The United Nations' Command in Jerusalem

The mediators, the peace makers, the compromisers, the
pacifiers
Live in the white house
And receive their nourishment from far away,
Through twisting channels, through dark veins, like a foetus.

And their secretaries are lipsticked and laughing,
And their immune chauffeurs wait below, like horses in a
stable,
And the trees whose shadow shades them have their roots
in disputed territory,
And the delusions are children who go out into the fields
to find cyclamen
And do not come back.

And the thoughts circle above, uneasily, like scout planes,
And they take photographs, and return, and develop the film
In dark, sad rooms.

And I know that they have very heavy chandeliers,
And the boy that I was sits on them and swings
In and out, in and out, and out, and does not come back.

Later on, the night will bring
Rusty and crooked conclusions out of our ancient lives,
And above all the houses the music
Will gather all the scattered things,

כַּיָּד הַמְלַקֶּטֶת פֵּרוּרִים מֵעַל הַשֻּׁלְחָן,
לְאַחַר הַסְּעוּדָה, בְּעֵת הַשִּׂיחָה נִמְשֶׁכֶת
וְהַיְלָדִים כְּבָר יְשֵׁנִים.

וְהַתִּקְוּוֹת בָּאוֹת אֵלַי כְּיוֹרְדֵי־יָם נוֹעָזִים,
כִּמְגַלֵּי יַבָּשׁוֹת — אֶל אִי,
וְיוֹשְׁבוֹת עָלַי יוֹם אוֹ יוֹמַיִם
וְנָחוֹת...
וְאַחַר־כָּךְ יַפְלִיגוּ.

Like a hand gathering crumbs off the table
After the meal while the talk continues
And the children are already asleep.

And hopes come to me like daring sailors,
Like discoverers of continents
To an island,
And they rest for a day or two,
And then they sail away.

Translated by Assia Gutmann

נִסְיוֹנוֹת הַהִתְאַבְּדוּת שֶׁל יְרוּשָׁלַיִם

הַדְּמָעוֹת כָּאן אֵינָן מְרַכְּכוֹת
אֶת הָעֵינַיִם. הֵן רַק מְלַטְּשׁוֹת
וּמַבְרִיקוֹת אֶת קְשִׁי הַפָּנִים, כְּמוֹ סֶלַע.

נִסְיוֹנוֹת הַהִתְאַבְּדוּת שֶׁל יְרוּשָׁלַיִם,
הִיא נִסְּתָה שׁוּב בְּתִשְׁעָה בְּאָב,
הִיא נִסְּתָה בְּאָדֹם וּבְאֵשׁ
וּבְהֶרֶס אִטִּי שֶׁל אָבָק לָבָן
עִם רוּחוֹת. לְעוֹלָם לֹא תַּצְלִיחַ;
אַךְ הִיא תְּנַסֶּה שׁוּב וָשׁוּב.

Suicide Attempts of Jerusalem

Tears, here, don't soften
the eyes. They only polish
the hardness of faces, like rock.

Suicide attempts of Jerusalem:
She tried again on the ninth of Ab.*
She tried in red and in fire
and in slow destruction
by wind and white dust.

She'll never succeed;
but she'll try again and again.

Translated by Harold Schimmel

* The anniversary of the destruction of the temple.

שֵׁנָה בִּירוּשָׁלַיִם

בְּעוֹד עַם נִבְחָר
הוֹפֵךְ לִהְיוֹת עַם כְּכָל הָעַמִּים
וּבוֹנֶה אֶת בָּתָּיו וְסוֹלֵל אֶת כְּבִישָׁיו
וּפוֹתֵחַ אֶת אַדְמָתוֹ לְצִנּוֹר וּמַיִם,
אָנוּ שׁוֹכְבִים בִּפְנִים בַּבַּיִת הַנָּמוּךְ,
בְּנֵי זְקוּנִים שֶׁל הַנּוֹף הַזָּקֵן הַזֶּה,
הַתִּקְרָה קְמוּרָה עָלֵינוּ בְּאַהֲבָה
וְהַנְּשִׁימָה בְּפִינוּ הִיא
כְּפִי שֶׁנִּתְּנָה לָנוּ
וּכְפִי שֶׁנָּשִׁיב אוֹתָהּ.

שֵׁנָה הִיא בְּמָקוֹם שֶׁיֵּשׁ אֲבָנִים.
בִּירוּשָׁלַיִם יֵשׁ שֵׁנָה. הָרַדְיוֹ
מֵבִיא צְלִילֵי יוֹם מֵאֶרֶץ שֶׁבָּהּ יוֹם.
וּמִלִּים שֶׁאֶצְלֵנוּ מָרוֹת
כְּשָׁקֵד שָׁכוּחַ עַל עֵץ,
מוּשָׁרוֹת בְּאֶרֶץ רְחוֹקָה וּמְתוּקוֹת.

וּכְאֵשׁ בַּלַּיְלָה בְּגֶזַע הַזַּיִת הֶחָלוּל
לֹא רָחוֹק מִיְּשֵׁנִים
לֵב־תָּמִיד בּוֹעֵר מֵאָדָם.

Sleep in Jerusalem

While a chosen people
become a nation like all the nations,
building its houses, paving its highways,
breaking open its earth for pipes and water,
we lie inside, in the low house,
late offspring of this old landscape.
The ceiling is vaulted above us with love
and the breath of our mouth
is as it was given us
and as we shall give it back.

Sleep is where there are stones.
In Jerusalem there is sleep. The radio
brings day-tunes from a land
where there is day.
And words that here are bitter,
like last year's almond on a tree,
are sung in a far country, and sweet.

And like a fire
in the hollowed trunk of an olive tree
an eternal heart is burning red
not far from the two sleepers.

Translated by Harold Schimmel

רֹאשׁ עִיר

עָצוּב הוּא לִהְיוֹת
רֹאשׁ הָעִיר יְרוּשָׁלַיִם.
נוֹרָא הוּא.
אֵיךְ יִהְיֶה אָדָם רֹאשׁ עִיר כָּזֹאת?
מַה יַּעֲשֶׂה בָּהּ?
יִבְנֶה וְיִבְנֶה וְיִבְנֶה.

וּבַלַּיְלָה יִקְרְבוּ אַבְנֵי הֶהָרִים מִסָּבִיב
אֶל הַבָּתִּים,
כְּמוֹ זְאֵבִים הַבָּאִים לְיַלֵּל עַל כְּלָבִים
שֶׁנַּעֲשׂוּ לְעַבְדֵי בְּנֵי הָאָדָם.

Mayor

It's sad
To be the Mayor of Jerusalem.
It is terrible.
How can any man be the mayor of a city like that?
What can he do with her?
He will build, and build, and build.

And at night
The stones of the hills round about
Will crawl down
Towards the stone houses,
Like wolves coming
To howl at the dogs
Who have become men's slaves.

Translated by Assia Gutmann

מתוך יְרוּשָׁלַיִם 1967

א

הַשָּׁנָה נָסַעְתִּי הַרְחֵק כְּדֵי
לִרְאוֹת אֶת הַשֶּׁקֶט שֶׁל עִירִי.
תִּינוֹק נִרְגָּע בְּנַעְנוּעִים, עִיר נִרְגַּעַת בַּמֶּרְחָק.
גַּרְתִּי בְּגַעְגּוּעִים. שִׂחַקְתִּי בְּמִשְׂחַק
אַרְבַּע הַמִּשְׁבְּצוֹת הַחֲמוּרוֹת שֶׁל יְהוּדָה הַלֵּוִי:
לִבִּי. אָנֹכִי. מִזְרָח. מַעֲרָב.

שָׁמַעְתִּי פַּעֲמוֹנִים מְצַלְצְלִים בְּדָתוֹת הַזְּמַן,
אַךְ הַיְלָלָה שֶׁשָּׁמַעְתִּי בְּתוֹכִי
הָיְתָה תָּמִיד שֶׁל מִדְבָּרֵי יְהוּדָה.

עַכְשָׁו כְּשֶׁשַּׁבְתִּי, אֲנִי צוֹעֵק שׁוּב.
וּבַלֵּילוֹת עוֹלִים כּוֹכָבִים כְּבוּעוֹת שֶׁל טוֹבְעִים,
כָּל בֹּקֶר אֲנִי צוֹעֵק צְעָקָה שֶׁל תִּינוֹק נוֹלָד
מִבִּלְבּוּל הַבָּתִּים וּמִכָּל הָאוֹר הַגָּדוֹל הַזֶּה.

ב

שַׁבְתִּי אֶל הָעִיר הַזֹּאת שֶׁבָּהּ נִתְּנוּ
שֵׁמוֹת לַמֶּרְחַקִּים כְּמוֹ לִבְנֵי אָדָם
וּמִסְפְּרֵי קַוִּים לֹא שֶׁל אוֹטוֹבּוּסִים,
אֶלָּא 70 אַחֲרֵי, 1917, חָמֵשׁ מֵאוֹת
לִפְנֵי הַסְּפִירָה, אַרְבָּעִים וּשְׁמוֹנֶה. אֵלֶּה הַקַּוִּים
שֶׁבָּהֶם נוֹסְעִים בֶּאֱמֶת.

from **Jerusalem 1967**

To my friends Dennis, Arieh, and Harold

1

This year I traveled a long way
to view the silence of my city.
A baby calms down when you rock it, a city calms down
from the distance. I dwelled in longing. I played the hopscotch
of the four strict squares of Yehuda Ha-Levi:
My heart. Myself. East. West.

I heard bells ringing in the religions of time,
but the wailing that I heard inside me
has always been from my Yehudean desert.

Now that I've come back, I'm screaming again.
And at night, stars rise like the bubbles of the drowned,
and every morning I scream the scream of a newborn baby
at the tumult of houses and at all this huge light.

2

I've come back to this city where names
are given to distances as if to human beings
and the numbers are not of bus-routes
but: 70 After, 1917, 500
B.C., Forty-Eight. These are the lines
you really travel on.

וּכְבָר שֵׁדֵי הֶעָבָר נִפְגָּשִׁים
עִם שֵׁדֵי הֶעָתִיד וְדָנִים עָלַי מֵעָלַי,
נוֹשְׂאִים וְנוֹתְנִים, לֹא נוֹשְׂאִים וְלֹא נוֹתְנִים,
בְּקִמּוּרִים גְּבוֹהִים בְּמַסְלוּלֵי פְּגָזִים מֵעַל רֹאשִׁי.

אָדָם שֶׁשָּׁב לִירוּשָׁלַיִם חָשׁ שֶׁהַמְּקוֹמוֹת
שֶׁכָּאֲבוּ שׁוּב אֵינָם כּוֹאֲבִים.
אֲבָל אַזְהָרָה קַלָּה נִשְׁאֶרֶת בַּכֹּל,
כְּמוֹ צָעִיף קַל נָע: אַזְהָרָה.

ג

מוּאָר מִגְדַּל דָּוִד, מוּאֶרֶת כְּנֵסִיַּת מָרְיָה,
מוּאָרִים הָאָבוֹת הַיְשֵׁנִים בַּמַּכְפֵּלָה, מוּאָרִים
הַפָּנִים מִבִּפְנִים, מוּאָרוֹת עוּגוֹת הַדְּבַשׁ
הַשְּׁקוּפוֹת, מוּאָר הַשָּׁעוֹן וּמוּאָר הַזְּמַן
הָעוֹבֵר בֵּין יְרֵכַיִךְ כְּשֶׁאַתְּ פּוֹשֶׁטֶת שִׂמְלָתֵךְ.

מוּאָר מוּאָר. מוּאָרוֹת הַלְּחָיַיִם שֶׁל יַלְדוּתִי,
מוּאָרוֹת הָאֲבָנִים שֶׁרָצוּ לִהְיוֹת מוּאָרוֹת
עִם אֵלֶּה שֶׁרָצוּ לִישֹׁן בַּאֲפֵלַת מְרֻבָּעִים.

And already the demons of the past are meeting
with the demons of the future and negotiating about me
above me, their give-and-take neither giving nor taking,
in the high arches of shell-orbits above my head.

A man who comes back to Jerusalem is aware that the places
that used to hurt don't hurt any more.
But a light warning remains in everything,
like the movement of a light veil: warning.

3
Illuminated is the Tower of David, illuminated is the Church
                                              of Maria,
illuminated the patriarchs sleeping in their burial cave,
                                              illuminated
are the faces from inside, illuminated the translucent
honey cakes, illuminated the clock and illuminated the time
passing through your thighs as you take off your dress.

Illuminated illuminated. Illuminated are the cheeks of my
                                              childhood,
illuminated the stones that wanted to be illuminated
along with those that wanted to sleep in the darkness of
                                              squares.

מוּאָרִים עַכְבִּישֵׁי מַעֲקֶה וְקוּרֵי כְּנֵסִיּוֹת
וְלוּלְיָנֵי הַמַּדְרֵגוֹת. אַךְ מִכֻּלָּם, בְּכֻלָּם
מוּאָר כְּתַב הָרֶנְטְגֶן הַנּוֹרָא, הָאֲמִתִּי,
בְּאוֹתִיּוֹת שֶׁל עֲצָמוֹת, בְּלָבָן וּבְבָרָק: מְנֵה
מְנֵה תְּקֵל וּפַרְסִין.

ד

לַשָּׁוְא תְּחַפֵּשׂ אֶת גְּדֵרוֹת הַתַּיִל הַדּוֹקֵר.
אַתָּה יוֹדֵעַ שֶׁדְּבָרִים כְּגוֹן אֵלֶּה
אֵינָם נֶעֱלָמִים. עִיר אַחֶרֶת אוּלַי
נֶחְתֶּכֶת עַכְשָׁו לִשְׁתַּיִם: שְׁנֵי אוֹהֲבִים
מֻפְרָדִים; בָּשָׂר אַחֵר מִתְיַסֵּר עַכְשָׁו
בְּקוֹצִים אֵלֶּה, מְסָרֵב לִהְיוֹת אֶבֶן.

לַשָּׁוְא תְּחַפֵּשׂ. אַתָּה נוֹשֵׂא עֵינֶיךָ לֶהָרִים,
אוּלַי לְשָׁם? לֹא הֶהָרִים הָאֵלֶּה, מִקְרֵי הַגֵּיאוֹלוֹגְיָה,
אֶלָּא הֶהָרִים. אַתָּה שׁוֹאֵל
שְׁאֵלוֹת בְּלִי עֲלִיָּה בַּקּוֹל, בְּלִי סִימַן שְׁאֵלָה,
כְּדֵי לָצֵאת יְדֵי חוֹבַת שְׁאֵלוֹת;
וְאֵינָן. אֲבָל עֲיֵפוּת גְּדוֹלָה רוֹצָה אוֹתְךָ בְּכָל מְאֹדֶךָ
וּמְקַבֶּלֶת. כְּמוֹ מָוֶת.

יְרוּשָׁלַיִם, עִיר יְחִידָה בָּעוֹלָם
שֶׁבָּהּ נִתְּנָה זְכוּת בְּחִירָה גַּם לַמֵּתִים.

Illuminated are the spiders of the banister and the cobwebs of
                              churches
and the acrobats of the stairs. But more than all these, and in
                              them all,
illuminated is the terrible, true X-ray writing
in letters of bones, in white and lightning: *mene*
mene tekel upharsin.

4
In vain you will look for the fences of barbed wire.
You know that such things
don't disappear. A different city perhaps
is now being cut in two; two lovers
separated; a different flesh is tormenting itself now
with these thorns, refusing to be stone.

In vain you will look. You lift up your eyes unto the hills,
perhaps there? Not these hills, accidents of geology,
but The Hills. You ask
questions without a rise in your voice, without a question-mark,
only because you're supposed to ask them; and they
don't exist. But a great weariness wants you with all your might
and gets you. Like death.

Jerusalem, the only city in the world
where the right to vote is granted even to the dead.

43

ה

בְּיוֹם כִּפּוּר בִּשְׁנַת תַּשְׁכַּ"ח לָבַשְׁתִּי
בִּגְדֵי חַג כֵּהִים וְהָלַכְתִּי לָעִיר הָעַתִּיקָה בִּירוּשָׁלַיִם.
עָמַדְתִּי זְמַן רַב לִפְנֵי כּוּךְ חֲנוּתוֹ שֶׁל עֲרָבִי,
לֹא רָחוֹק מִשַּׁעַר שְׁכֶם, חֲנוּת
כַּפְתּוֹרִים וְרוֹכְסָנִים וּסְלִילֵי חוּטִים
בְּכָל צֶבַע וְלַחְצָנִיּוֹת וְאַבְזָמִים.
אוֹר יָקָר וּצְבָעִים רַבִּים, כְּמוֹ אֲרוֹן־קֹדֶשׁ פָּתוּחַ.

אָמַרְתִּי לוֹ בְּלִבִּי שֶׁגַּם לְאָבִי
הָיְתָה חֲנוּת כָּזֹאת שֶׁל חוּטִים וְכַפְתּוֹרִים.
הִסְבַּרְתִּי לוֹ בְּלִבִּי עַל כָּל עַשְׂרוֹת הַשָּׁנִים
וְהַגּוֹרְמִים וְהַמִּקְרִים, שֶׁאֲנִי עַכְשָׁו פֹּה
וַחֲנוּת אָבִי שְׂרוּפָה שָׁם וְהוּא קָבוּר פֹּה.

כְּשֶׁסִּיַּמְתִּי הָיְתָה שְׁעַת נְעִילָה.
גַּם הוּא הוֹרִיד אֶת הַתְּרִיס וְנָעַל אֶת הַשַּׁעַר
וַאֲנִי חָזַרְתִּי עִם כָּל הַמִּתְפַּלְּלִים הַבַּיְתָה.

ו

לֹא הַזְּמַן מַרְחִיק אוֹתִי מִיַּלְדוּתִי,
אֶלָּא הָעִיר הַזֹּאת וְכָל אֲשֶׁר בָּהּ. עַכְשָׁו
לִלְמֹד עוֹד עֲרָבִית, לְהַגִּיעַ עַד לִירִיחוֹ
מִשְּׁנֵי צִדֵּי הַזְּמַן; וְאֹרֶךְ חוֹמוֹת שֶׁנּוֹסְפוּ

5

On Yom Kippur in 1967, the Year of Forgetting, I put on
my dark holiday clothes and walked to the Old City of
                                                    Jerusalem.
For a long time I stood in front of an Arab's hole-in-the-wall
                                                    shop,
not far from the Damascus Gate, a shop with
buttons and zippers and spools of thread
in every color and snaps and buckles.
A rare light and many colors, like an open Ark.

I told him in my heart that my father too
had a shop like this, with thread and buttons.
I explained to him in my heart about all the decades
and the causes and the events, why I am now here
and my father's shop was burned there and he is buried here.

When I finished, it was time for the Closing of the Gates
                                                    prayer.

He too lowered the shutters and locked the gate
and I returned, with all the worshippers, home.

6

It's not time that keeps me far away from my childhood,
it's this city and everything in it. Now
I've got to learn Arabic too, to reach all the way to Jericho
from both ends of time; and the length of walls has been added

וְגֹבַהּ מִגְדָּלִים וְכִפּוֹת בָּתֵּי־תְּפִלָּה
שֶׁלְּשִׁטְחָן אֵין שִׁעוּר. כָּל אֵלֶּה
מַרְחִיבִים מְאֹד אֶת חַיַּי וּמַכְרִיחִים אוֹתִי
תָּמִיד לְהַגֵּר מֵחָדָשׁ מֵרֵיחַ
נְהָרוֹת וָיַעַר.

חַיַּי נִמְתָּחִים כָּךְ; נַעֲשִׂים דַּקִּים מְאֹד
וּשְׁקוּפִים כַּבַּד. אֶפְשָׁר לִרְאוֹת דַּרְכִּי.

ז

בַּקַּיִץ הַזֶּה שֶׁל שִׂנְאָה קְרוּעַת־עֵינַיִם לִרְוָחָה
וְאַהֲבָה עִוֶּרֶת, אֲנִי מַתְחִיל שׁוּב לְהַאֲמִין
בְּכָל הַדְּבָרִים הַקְּטַנִּים אֲשֶׁר יְמַלְּאוּ
אֶת בּוֹרוֹת הַפְּגָזִים: אֲדָמָה וּקְצַת עֵשֶׂב,
אוּלַי אַחַר הַגְּשָׁמִים רֶמֶשׂ קָטָן לְמִינֵהוּ.
אֲנִי חוֹשֵׁב עַל יְלָדִים גְּדֵלִים חֶצְיָם בְּמוּסַר אֲבִיהֶם
וְחֶצְיָם בְּתוֹרַת מִלְחָמָה.
הַדְּמָעוֹת חוֹדְרוֹת עַכְשָׁו אֶל תּוֹךְ עֵינַי מִבַּחוּץ
וְאָזְנַי מַמְצִיאוֹת יוֹם יוֹם קוֹל צְעָדֵי מְבַשֵּׂר.

ח

הָעִיר מְשַׂחֶקֶת מַחֲבוֹאִים בֵּין שְׁמוֹתֶיהָ
יְרוּשָׁלַיִם, אֶל־קוּדְס, שָׁלֵם, גֶ׳רוּ, יֶרוּ,
לוֹחֶשֶׁת: יְבוּס, יְבוּס, יְבוּס, בַּחֲשֵׁכָה.
בּוֹכָה בְּגַעְגּוּעִים: אֶלְיָה קַפִּיטוֹלִינָה, אֶלְיָה, אֶלְיָה.

and the height of towers and the domes of prayer-houses
whose area is immeasurable. All these
really broaden my life and force me
always to emigrate once more from the smell
of river and forest.

My life is stretched out this way; it grows very thin
like cloth, transparent. You can see right through me.

7
In this summer of wide-open-eyed hatred
and blind love, I'm beginning to believe again
in all the little things that will fill
the holes left by the shells: soil, a bit of grass,
perhaps, after the rains, small insects of every kind.
I think of children growing up half in the ethics of their fathers
and half in the science of war.
The tears now penetrate into my eyes from the outside
and my ears invent, every day, the footsteps of
the messenger of good tidings.

8
The city plays hide-and-seek among her names:
Yerushalayim, Al-Quds, Salem, Jeru, Yeru, all the while
whispering her first, Jebusite name: Y'vus,
Y'vus, Y'vus, in the dark. She weeps

הִיא בָּאָה אֶל כָּל אֶחָד הַקּוֹרֵא לָהּ
בַּלַּיְלָה לְבַדּוֹ. אַךְ אָנוּ יוֹדְעִים
מִי בָּא אֶל מִי.

ט

עַל דֶּלֶת פְּתוּחָה תָּלוּי שֶׁלֶט "סָגוּר".
אֵיךְ אַתָּה מַסְבִּיר אֶת זֶה? עַכְשָׁו
הַשַּׁרְשֶׁרֶת חָפְשִׁית בִּשְׁנֵי קְצוֹתֶיהָ: אֵין
אָסִיר וְאֵין אוֹסֵר, אֵין כֶּלֶב וְאֵין אָדוֹן.
הַשַּׁרְשֶׁרֶת תֵּהָפֵךְ לְאִטָּהּ לִכְנָפַיִם.
אֵיךְ אַתָּה מַסְבִּיר אֶת זֶה?
אַתָּה תַּסְבִּיר אֶת זֶה.

י

יְרוּשָׁלַיִם נְמוּכָה וּכְפוּפָה בֵּין הָרֶיהָ
שֶׁלֹּא כִּנְיוּ־יוֹרְק, לְמָשָׁל.
לִפְנֵי אַלְפַּיִם שָׁנָה הִתְכּוֹפְפָה
לְעֶמְדַּת־זִנּוּק נִפְלָאָה.
כָּל הֶעָרִים הָאֲחֵרוֹת יָצְאוּ לִסְבוּבִים
גְּדוֹלִים בְּזִירַת הַזְּמַן, נִצְּחוּ אוֹ נֻצְּחוּ
וָמֵתוּ. יְרוּשָׁלַיִם נִשְׁאֲרָה בִּכְפִיפַת־זִנּוּק:
כָּל הַנִּצְחוֹנוֹת קְפוּצִים בָּהּ וַחֲבוּיִים בָּהּ. כָּל הַמַּפָּלוֹת.
כֹּחָהּ גָּדֵל וּנְשִׁימָתָהּ שְׁקֵטָה
לְמֵרוֹץ אַף אֶל מִחוּץ לַזִּירָה.

with longing: Ælia Capitolina, Ælia, Ælia.
She comes to any man who calls her
at night, alone. But we know
who comes to whom.

9

On an open door a sign hangs: Closed.
How do you explain it? Now
the chain is free at both ends: there is no
prisoner and no warden, no dog and no master.
The chain will gradually turn into wings.
How do you explain it?
Ah well, you'll explain it.

10

Jerusalem is short and crouched among its hills,
unlike New York, for example.
Two thousand years ago she crouched
in the starting-line position.
All the other cities went out, for long
laps in the arena of time, they won or lost,
and died. Jerusalem remained in the starting-crouch:
all the victories are clenched inside her
hidden inside her. All the defeats.
Her strength grows and her breathing is calm
for a race even beyond the arena.

יא

בְּדִידוּת הִיא תָּמִיד בְּאֶמְצַע;
מוּגֶנֶת וּמְבֻצֶּרֶת. אֲנָשִׁים הָיוּ צְרִיכִים
לָחוּשׁ בִּטָּחוֹן בְּכָךְ וְאֵינָם חָשִׁים.
כְּשֶׁהֵם יוֹצְאִים אַחַר שֶׁשָּׁהוּ זְמַן רַב,
נוֹצָרוֹת מְעָרוֹת לְמִתְבּוֹדְדִים חֲדָשִׁים.
מָה אַתָּה יוֹדֵעַ עַל יְרוּשָׁלַיִם.
אַתָּה לֹא צָרִיךְ לְהָבִין שָׂפוֹת;
הֵן עוֹבְרוֹת בְּכֹל כְּדֶרֶךְ חֲרָבוֹת בָּתִּים.
בְּנֵי אָדָם הֵם חוֹמַת אֲבָנִים נָעוֹת.
אַךְ אֲפִלּוּ בַּכֹּתֶל הַמַּעֲרָבִי
לֹא רָאִיתִי אֲבָנִים עֲצוּבוֹת כְּמוֹ אֵלֶּה.
כְּאֵבִי מוּאָר בְּאוֹתִיּוֹתָיו כְּשֵׁם הַמָּלוֹן מִמּוּל.
מַה שֶּׁמְּחַכֶּה לִי וּמַה שֶּׁלֹּא מְחַכֶּה לִי. אָמֵן.

יב

הָאֶבֶן הַיְּרוּשַׁלְמִית הִיא הָאֶבֶן הַיְּחִידָה
שֶׁכּוֹאֶבֶת. יֵשׁ בָּהּ רֶשֶׁת עֲצַבִּים.
מִזְּמַן לִזְמַן מִתְגּוֹדֶדֶת יְרוּשָׁלַיִם
לַהֲמוֹן מְחָאָה כְּמוֹ מִגְדַּל בָּבֶל.
אַךְ בְּמַקְלוֹת גְּדוֹלִים מַכֶּה אֱלֹהִים־הַמִּשְׁטָרָה
לְתוֹכָהּ: בָּתִּים נֶחֱרָבִים, חוֹמוֹת נִפְרָצוֹת,
וְאַחַר כָּךְ תִּתְפַּזֵּר שׁוּב הָעִיר, תּוֹךְ מִלְמוּלֵי
תְּפִלּוֹת תְּלוּנָה וּצְעָקוֹת־פֶּה־וְשָׁם מִכְּנֵסִיּוֹת
וּמִבָּתֵּי־כְּנֶסֶת וּצְרִיחַת צְרִיחִים מִמִּסְגָּד.
כָּל אֶחָד לִמְקוֹמוֹ.

11

Loneliness is always in the middle,
protected and fortified. People were supposed
to feel secure in that, and they don't.
When they go out, after a long time,
caves are formed for the new solitaries.
What do you know about Jerusalem.
You don't need to understand languages;
they pass through everything as if through the ruins of houses.
People are a wall of moving stones.
But even in the Wailing Wall
I haven't seen stones as sad as these.
The letters of my pain are illuminated
like the name of the hotel across the street.
What awaits me and what doesn't await me.

12

Jerusalem stone is the only stone that can
feel pain. It has a network of nerves.
From time to time Jerusalem crowds into
mass protests like the tower of Babel.
But with huge clubs God-the-Police beats her
down: houses are razed, walls flattened,
and afterward the city disperses, muttering
prayers of complaint and sporadic screams from churches
and synagogues and loud-moaning mosques.
Each to his own place.

יג

תָּמִיד תִּמְצָא לְיַד בָּתִּים הֲרוּסִים
וּבַרְזִלִּים מְעֻקָּמִים כִּזְרוֹעוֹת שֶׁל הֲרוּגִים,
מִישֶׁהוּ הַמְטַאטֵא אֶת הַשְּׁבִיל הַמְרֻצָּף
אוֹ מְסַדֵּר אֶת הַגִּנָּה הַקְּטַנָּה, שְׁבִילִים
רְגִישִׁים, עֲרוּגוֹת מְרֻבָּעוֹת.
רְצוֹנוֹת גְּדוֹלִים לְמִיתָה מְשֻׁנָּה מְטֻפָּחִים הֵיטֵב
כְּמוֹ בְּמִנְזַר הָאַחִים הַלְּבָנִים שֶׁלְּיַד שַׁעַר הָאֲרָיוֹת.
אֲבָל הַלְאָה מִזֶּה, בֶּחָצֵר, פְּעוּרָה הָאֲדָמָה:
עַמּוּדִים וְקִמְרוֹנוֹת נוֹשְׂאִים אַדְמַת שָׁוְא
וְנוֹשְׂאִים וְנוֹתְנִים אֵלֶּה עִם אֵלֶּה, צַלְבָּנִים וּמַלְאֲכֵי־שָׁרֵת,
שִׁלְטָן וְרַבִּי יְהוּדָה הֶחָסִיד. קִמּוּרֵי קֶשֶׁת עִם
עַמּוּד, פִּדְיוֹן שְׁבוּיִים וּתְנָאִים מוּזָרִים בְּחוֹזִים
מְגֻלְגָּלִים וְאַבְנֵי חוֹתָם. וָוִים מְעֻקָּלִים מַחֲזִיקִים
אֲוִיר.
כַּרְכֻּבִּים וְשִׁבְרֵי עַמּוּדִים מְפֻזָּרִים כִּכְלֵי־שַׁחְמַט
בְּמִשְׂחָק שֶׁהֻפְסַק בְּזַעַם,
וְהוֹרְדוֹס שֶׁיִּלֵּל כְּבָר לִפְנֵי אַלְפַּיִם
שָׁנָה כְּמוֹ פְּגָזִים. הוּא יָדַע.

יד

אִם עֲנָנִים הֵם תִּקְרָה, אֶרְצֶה
לָשֶׁבֶת בַּחֶדֶר מִתַּחְתָּם, מִתְרוֹמֶמֶת מַלְכוּת מֵתָה
מִמֶּנִּי וָמַעְלָה כְּאֵדִים הָעוֹלִים מִתַּבְשִׁיל חַם.
דֶּלֶת חוֹרֶקֶת: עָנָן נִפְתָּח.

13

Always beside ruined houses and iron girders
twisted like the arms of the slain, you find
someone who is sweeping the paved path
or tending the little garden, sensitive
paths, square flower-beds.
Large desires for a horrible death are well cared-for
as in the monastery of the White Brothers next to the Lions'
Gate.

But farther on, in the courtyard, the earth gapes:
columns and arches supporting vain land
and negotiating with one another: crusaders and guardian
angels,
a sultan and Rabbi Yehuda the Pious. Arched vaults with a
column, ransom for prisoners, and strange conditions in
rolled-up
contracts, and sealing-stones. Curved hooks holding
air.
Capitals and broken pieces of columns scattered like chessmen
in a game that was interrupted in anger,
and Herod, who already, two thousand years ago, wailed
like mortar-shells. He knew.

14

If clouds are a ceiling, I would like to
sit in the room beneath them: a dead kingdom rises
up from me, up, like steam from hot food.
A door squeaks: an opening cloud.

בְּמֶרְחַקֵּי עֲמָקִים מִישֶׁהוּ הִקִּישׁ בַּרְזֶל בָּאֶבֶן
אַךְ הַהֵד מֵקִים דְּבָרִים שׁוֹנִים וּגְדוֹלִים בָּאֲוִיר.

עַל בָּתִּים — בָּתִּים שֶׁעֲלֵיהֶם בָּתִּים. זוֹהִי
כָּל הַהִסְטוֹרְיָה.
הַלְּמִידָה הַזֹּאת בְּבָתֵּי־סֵפֶר בְּלִי גַּג
וּבְלִי קִירוֹת וּבְלִי סַפְסָל וּבְלִי מוֹרִים. הַלְּמִידָה
הַזֹּאת בַּחוּץ הַמֻּחְלָט,
לְמִידָה קְצָרָה כְּהֹלֶם לֵב אֶחָד. הַכֹּל.

טו

אֲנִי וִירוּשָׁלַיִם כְּעִוֵּר וְקִטֵּעַ.
הִיא רוֹאָה בִּשְׁבִילִי
עַד יַם הַמֶּלַח, עַד אַחֲרִית הַיָּמִים.
וַאֲנִי מַכְתִּיף אוֹתָהּ עַל כְּתֵפַי
וְהוֹלֵךְ עִוֵּר בְּחֶשְׁכָתִי לְמַטָּה.

טז

בְּיוֹם סְתָו בָּהִיר זֶה
אֲנִי מְיַסֵּד אֶת יְרוּשָׁלַיִם מֵחָדָשׁ.
מְגִלּוֹת־הַיְסוֹד
עָפוֹת בָּאֲוִיר, צִפֳּרִים, מַחֲשָׁבוֹת.

אֱלֹהִים זוֹעֵם עָלַי
כִּי אֲנִי מַכְרִיחַ אוֹתוֹ תָּמִיד
לִבְרֹא אֶת הָעוֹלָם מֵחָדָשׁ
מִתֹּהוּ וָבֹהוּ, אוֹר, יוֹם שֵׁנִי, עַד
הָאָדָם וְחוֹזֵר חֲלִילָה.

In the distances of valleys someone rapped iron against stone
but the echo erects large, different things in the air.

Above the houses — houses with houses above them. This is
all of history.
This learning in schools without roof
and without walls and without chairs and without teachers.
This learning in the absolute outside,
a learning short as a single heartbeat. All of it.

15
I and Jerusalem are like a blind man and a cripple.
She sees for me
out to the Dead Sea, to the End of Days.
And I hoist her up on my shoulders
and walk blind in my darkness underneath.

16
On this bright autumn day
I establish Jerusalem once again.
The foundation-scrolls
are flying in the air, birds, thoughts.

God is angry with me
because I always force him
to create the world once again
from chaos, light, second day, until
man, and back to the beginning.

יז

בַּבֹּקֶר נוֹפֵל צֵל הָעִיר הָעַתִּיקָה
עַל הַחֲדָשָׁה. אַחַר הַצָּהֳרַיִם — לְהֵפֶךְ.
אַף אֶחָד אֵינוֹ מַרְוִיחַ. תְּפִלַּת מוּאֶזִּין
מִתְבַּזְבֶּזֶת עַל הַבָּתִּים הַחֲדָשִׁים. צִלְצוּלֵי
פַּעֲמוֹנִים מִתְגַּלְגְּלִים כְּכַדּוּרִים וְקוֹפְצִים.
זַעֲקַת קְדֻשָּׁה מִבָּתֵּי הַכְּנֶסֶת כְּעָשָׁן אָפֹר יִכְלֶה.

בְּסוֹף הַקַּיִץ אֲנִי נוֹשֵׁם אֶת הָאֲוִיר הַזֶּה,
אֶת הַשָּׂרוּף וְהַכָּאוּב. דְּמָמָה
כְּהַרְבֵּה סְפָרִים סְגוּרִים הִיא הַמַּחֲשָׁבָה:
הַרְבֵּה סְפָרִים צְפוּפִים, שֶׁרֹב דַּפֵּיהֶם
דְּבוּקִים כְּעַפְעַפַּיִם בַּבֹּקֶר.

יח

אֲנִי עוֹלֶה בְּמִגְדַּל דָּוִד
קְצָת מֵעַל לַתְּפִלָּה הַמִּתְרוֹמֶמֶת בְּיוֹתֵר,
בַּחֲצִי הַדֶּרֶךְ לַשָּׁמַיִם. אֲחָדִים
מִן הַקְּדוּמִים הִצְלִיחוּ: מֻחַמַּד, יֵשׁוּ
וַאֲחֵרִים. אַךְ לֹא מָצְאוּ מְנוּחָה בַּשָּׁמַיִם,
נִכְנְסוּ לְהִתְרַגְּשׁוּת שֶׁל מַעְלָה. אֲבָל
הַתְּשׁוּאוֹת לָהֶם לֹא פָּסְקוּ מֵאָז
לְמַטָּה.

17

In the morning the shadow of the Old City falls
on the New. In the afternoon — vice versa.
Nobody profits. The muezzin's prayer
is wasted on the new houses. The ringing
bells roll like balls and bounce back.
The shout of *Holy Holy Holy* from the synagogues will fade
like gray smoke.

At the end of summer I breathe this air
that is burnt and pained. My thoughts have
the stillness of many closed books:
many crowded books, with most of their pages
stuck together like eyelids in the morning.

18

I climb up the Tower of David
a little higher than the prayer that ascends the highest:
halfway to heaven. A few of
the ancients succeeded: Mohammed, Jesus,
and others. Though they didn't find rest in heaven;
they just entered a higher excitement. But
the applause for them hasn't stopped ever since,
down below.

יט

יְרוּשָׁלַיִם בְּנוּיָה עַל יְסוֹדוֹת קְמוּרִים
שֶׁל צְעָקָה מְאֻפֶּקֶת. אִם לֹא תִּהְיֶה סִבָּה
לַצְּעָקָה, יִשָּׁבְרוּ הַיְסוֹדוֹת, תִּתְמוֹטֵט הָעִיר,
אִם תִּצָּעֵק הַצְּעָקָה, תִּתְפּוֹצֵץ יְרוּשָׁלַיִם לַשָּׁמַיִם.

כ

מְשׁוֹרְרִים בָּאִים עִם עֶרֶב לְתוֹךְ הָעִיר הָעַתִּיקָה
וְיוֹצְאִים מִמֶּנָּה עֲמוּסֵי תְּמוּנוֹת
וְהַשְׁאָלוֹת וּמִשְׁלֵי מַחֲשֶׁבֶת קְטַנִּים
וְדִמּוּיֵי דִּמְדּוּמִים מִבֵּין כּוּכִים וְכַרְכֻּבִּים,
מִתּוֹךְ פֵּרוֹת מַאֲפִילִים
וּפִתּוּחֵי מִקְשַׁת לֵב.

הֲרַמְתִּי אֶת יָדִי לְמִצְחִי
לִמְחוֹת זֵעָה
וְהֶעֱלֵיתִי אֶת אֶלְזָה לַסְקֶר־שִׁילֶר,
בְּמִקְרֶה. קַלָּה וּקְטַנָּה שֶׁהָיְתָה בְּחַיֶּיהָ,
קַל וָחֹמֶר בְּמוֹתָהּ. אֲבָל שִׁירֶיהָ!

19

Jerusalem is built on the vaulted foundations
of a held-back scream. If there were no reason
for the scream, the foundations would crumble, the city would
                                                    collapse;
if the scream were screamed, Jerusalem would explode into
                                                the heavens.

20

Poets come in the evening into the Old City
and they emerge from it pockets stuffed with images
and metaphors and little well-constructed parables
and crepuscular similes from among columns and crypts,
from within darkening fruit
and delicate filigree of hammered hearts.

I lifted my hand to my forehead
to wipe off the sweat
and found I had accidentally raised up
the ghost of Else Lasker-Schüler.
Light and tiny as she was
in her life, all the more so in her death. Ah, but
her poems.

כא

יְרוּשָׁלַיִם עִיר נָמָל עַל שְׂפַת הַנֶּצַח.
הַר־הַבַּיִת אֳנִיָּה גְּדוֹלָה, סְפִינַת שַׁעֲשׁוּעִים
מְפֹאֶרֶת. מֵאֶשְׁנַבֵּי כָּתְלָהּ הַמַּעֲרָבִי מִסְתַּכְּלִים קְדוֹשִׁים
עַלִּיזִים, נוֹסְעִים. חֲסִידִים בָּרָצִיף מְנַפְנְפִים
לְשָׁלוֹם, צוֹעֲקִים הֵידָד לְהִתְרָאוֹת. הִיא
תָּמִיד מַגִּיעָה, תָּמִיד מַפְלִיגָה. וְהַגְּדֵרוֹת וְהָרְצִיפִים
וְהַשּׁוֹטְרִים וְהַדְּגָלִים וְהַתְּרָנִים הַגְּבֹהִים שֶׁל כְּנֵסִיּוֹת
וּמִסְגָּדִים וְהָאֲרֻבּוֹת שֶׁל בָּתֵּי הַכְּנֶסֶת וְהַסִּירוֹת
שֶׁל הַלֵּל וְגַלֵּי הָרִים. קוֹל שׁוֹפָר נִשְׁמַע: עוֹד
אַחַת הִפְלִיגָה. מַלָּחֵי יוֹם־כִּפּוּר בְּמַדִּים לְבָנִים
מְטַפְּסִים בֵּין סֻלָּמוֹת וַחֲבָלִים שֶׁל תְּפִלּוֹת בְּדוּקוֹת.

וְהַמַּשָּׂא וּמַתָּן וְהַשְּׁעָרִים וְכִפּוֹת הַזָּהָב:
יְרוּשָׁלַיִם הִיא וֶנֶצְיָה שֶׁל אֱלֹהִים.

כב

יְרוּשָׁלַיִם הִיא עִיר אָחוֹת שֶׁל סְדוֹם,
אַךְ הַמֶּלַח הָרַחוּם לֹא רִחֵם עָלֶיהָ
וְלֹא כִּסָּה אוֹתָהּ בְּלָבָן שָׁקֵט.
יְרוּשָׁלַיִם הִיא פּוֹמְפֵּי מְמָאֶנֶת.
סִפְרֵי הִסְטוֹרְיָה שֶׁהֻטְלוּ לָאֵשׁ
דַּפֵּיהֶם מִתְגַּלְגְּלִים, מִתְקַשְּׁחִים בְּאָדֹם.

21

Jerusalem is a port city on the shore of eternity.
The Temple Mount is a huge ship, a magnificent
luxury liner. From the portholes of her Western Wall
cheerful saints look out, travelers. Hasidim on the pier
wave goodbye, shout hooray, hooray, bon voyage! She is
always arriving, always sailing away. And the fences and the
            piers
and the policemen and the flags and the high masts of churches
and mosques and the smokestacks of synagogues and the boats
of psalms of praise and the mountain-waves. The shofar
          blows: another one
has just left. Yom Kippur sailors in white uniforms
climb among ladders and ropes of well-tested prayers.

And the commerce and the gates and the golden domes:
Jerusalem is the Venice of God.

22

Jerusalem is Sodom's sister-city,
but the merciful salt didn't have mercy on her
and didn't cover her with a silent whiteness.
Jerusalem is an unconsenting Pompeii.
History books that were thrown into the fire,
their pages are strewn about, stiffening in red.

עַיִן בְּהִירָה מִדַּי, עִוֶּרֶת,
נִשְׁבֶּרֶת תָּמִיד בְּנָפָה שֶׁל עוֹרְקִים.
הַרְבֵּה לֵדוֹת פְּעוּרוֹת לְמַטָּה,
רֶחֶם שֶׁבּוֹ שְׁנַיִם אֵין־סְפוֹר,
אֵשֶׁת פִּיוֹת פִּיפִיּוֹת וְחַיּוֹת הַקֹּדֶשׁ.

הַשֶּׁמֶשׁ חָשְׁבָה שֶׁיְּרוּשָׁלַיִם יָם
וְשָׁקְעָה בָּהּ בְּטָעוּת נוֹרָאָה.
דְּגֵי שָׁמַיִם נִלְכְּדוּ בְּרֶשֶׁת סִמְטָאוֹת,
קוֹרְעִים זֶה אֶת זֶה כַּדָּג.

יְרוּשָׁלַיִם. נִתּוּחַ שֶׁנִּשְׁאַר פָּתוּחַ.
הַמְנֻתָּחִים הָלְכוּ לָהֶם לִישֹׁן בְּשָׁמַיִם רְחוֹקִים
אֲבָל מֵתֶיהָ מִסְתַּדְּרִים
לְאַט, לְאַט, סָבִיב סָבִיב
כַּעֲלֵי כוֹתֶרֶת שְׁקֵטִים.
אֵלִי!
עֲלִי!

An eye whose color is too light, blind,
always shattered in a sieve of veins.
Many births gaping below,
a womb with numberless teeth,
a double-edged woman and the holy beasts.

The sun thought that Jerusalem was a sea
and set in her, in a terrible mistake.
Sky fish were caught in a net of alleys,
tearing one another to pieces.

Jerusalem. An operation that was left open.
The surgeons went to take a nap in far-away skies,
but her dead gradually
formed a circle, all around her,
like quiet petals.
My God
My stamen.
Amen.

Translated by Stephen Mitchell

יז

לְוָיָה בְּהַר צִיּוֹן: אֲרוֹן מֵתִים
נִשָּׂא, מִתְנַדְנֵד, כְּקַשׁ קָטָן
עַל תַּהֲלוּכַת נְמָלִים שְׁחוֹרוֹת.

תִּיק הָאַלְמָנָה הַשָּׁחֹר מַבְרִיק
בְּשֶׁמֶשׁ הָעַרְבַּיִם. שֶׁאַתָּה אָבִינוּ,
שֶׁהוּא מַלְכֵּנוּ, שֶׁאֵין מוֹשִׁיעֵנוּ בַּזְּמַן הַזֶּה.

יח

הַקְּבָרִים בִּירוּשָׁלַיִם הֵם פִּתְחֵי מִנְהָרוֹת
עֲמֻקּוֹת בְּיוֹם חַג חֲנֻכָּתָם.
אַחַר כָּךְ לֹא מַמְשִׁיכִים לַחְפֹּר.

הַמַּצֵּבוֹת הֵן אַבְנֵי יְסוֹד מְפֹאָרוֹת
לְבִנְיָנִים שֶׁלֹּא יִבָּנוּ לְעוֹלָם.

כא

יְרוּשָׁלַיִם, מָקוֹם שֶׁהַכֹּל זוֹכְרִים
שֶׁשָּׁכְחוּ בּוֹ מַשֶּׁהוּ
אֲבָל הֵם אֵינָם זוֹכְרִים מַה שָּׁכְחוּ.

וּלְצֹרֶךְ זְכִירָה זוֹ אֲנִי
חוֹבֵשׁ עַל פָּנַי אֶת פְּנֵי אָבִי.

from **Songs of Zion the Beautiful**

17

An Armenian funeral on Mount Zion: the coffin
is carried, wobbling, like a bit of straw
in a procession of black ants.

The widow's black purse gleams
in the setting sun. That you are
Our Father, that he is Our King, that we have
no Savior in our time.

18

The graves in Jerusalem are openings
of deep tunnels
on the day of the ground-breaking ceremonies.
After that they stop digging.

The gravestones are magnificent
cornerstones of buildings
that will never get built.

21

Jerusalem's a place where everyone remembers
he's forgotten something
but doesn't remember what it is.

And for the sake of remembering
I wear my father's face over mine.

זוהִי עִירִי שֶׁבָּהּ מִתְמַלְּאִים כְּלֵי חֲלוֹמוֹתַי
כְּמוֹ מְכָלֵי חַמְצָן שֶׁל צוֹלְלִים לִצְלֹל.

הַקְּדֻשָּׁה בָּהּ
הוֹפֶכֶת לִפְעָמִים לְאַהֲבָה.

וְהַשְּׁאֵלוֹת שֶׁשּׁוֹאֲלִים בֶּהָרִים הָאֵלֶּה
נִשְׁאֲרוּ כְּתָמִיד: רָאִיתָ אֶת הַצֹּאן שֶׁלִּי?
רָאִיתָ אֶת הָרוֹעֶה שֶׁלִּי?

וְדֶלֶת בֵּיתִי פְּתוּחָה
כְּמוֹ קֶבֶר שֶׁמִּתּוֹכוֹ קָמוּ לִתְחִיָּה.

כב

זֶה הַסּוֹף שֶׁל הַנּוֹף. בֵּין גּוּשֵׁי
בֶּטוֹן וּבַרְזֶל מַחֲלִיד עוֹמֵד
עֵץ תְּאֵנָה נוֹשֵׂא פֵּרוֹת כְּבֵדִים
אֲבָל אֲפִלּוּ יְלָדִים לֹא בָּאִים לִקְטֹף.
זֶה הַסּוֹף שֶׁל הַנּוֹף.
וּבְתוֹךְ נִבְלַת מִזְרָן הַנִּרְקָב בַּשָּׂדֶה
נִשְׁאֲרוּ הַקְּפִיצִים כִּנְשָׁמוֹת.

הַבַּיִת שֶׁגַּרְתִּי בּוֹ מִתְרַחֵק,
הָאוֹר הֶשְׁאַר דָּלוּק בַּחַלּוֹן

This is the city where my dream-containers fill up
like a diver's oxygen tanks.

Its holiness
sometimes turns into love.

And the questions that are asked in these hills
are the same as they've always been: "Have you
seen my sheep?" "Have you seen
my shepherd?"

And the door of my house stands open
like a tomb
where someone was resurrected.

22
This is the end of the landscape. Among blocks
of concrete and rusting iron
there's a fig tree with heavy fruit
but even kids don't come around to pick it.
This is the end of the landscape.
Inside the carcass of a mattress rotting in the field
the springs stay put, like souls.

The house I lived in gets farther and farther away
but a light was left burning in the window

לְמַעַן לֹא יִשְׁמְעוּ וְרַק יִרְאוּ.
זֶה הַסּוֹף.

וְלֶאֱהֹב מֵחָדָשׁ הוּא כְּמוֹ בְּעָיָה
שֶׁל אַדְרִיכָלִים בְּעִיר יְשָׁנָה: לִבְנוֹת
שׁוּב בַּמְּקוֹמוֹת שֶׁכְּבָר הָיוּ
שֶׁיֵּרָאוּ כְּמֵאָז, וּבְכָל זֹאת שֶׁל עַכְשָׁו.

כג

תְּשַׁע עֶשְׂרֵה שָׁנָה הָיְתָה הָעִיר מְחֻלֶּקֶת
כְּמֶשֶׁךְ חַיֵּי אָדָם צָעִיר שֶׁאוּלַי נָפַל בַּמִּלְחָמָה.
אֲנִי זוֹכֵר בְּגַעְגּוּעִים אֶת הַשַּׁלְוָה וְאֶת הַגַּעְגּוּעִים.
מְשֻׁגָּעִים הָיוּ עוֹבְרִים אֶת הַגָּדֵר הַחוֹצָה,
אוֹיְבִים פָּרְצוּ אוֹתָהּ,
אוֹהֲבִים נִגְּשׁוּ עָדֶיהָ וּבָדְקוּ אוֹתָהּ,
כְּמוֹ לוּלְיָנֵי קִרְקָס הַבּוֹדְקִים אֶת הָרֶשֶׁת
לִפְנֵי קְפִיצָתָם הַנּוֹעֶזֶת.

שִׁטְחֵי הֶפְקֵר הָיוּ בָּהּ כְּמִפְרָצִים רוֹגְעִים
וְגַעְגּוּעִים שָׁטוּ בַּשָּׁמַיִם מֵעַל,
כָּאֳנִיּוֹת שֶׁעָגְנֵיהֶן נִנְעֲצוּ בָּנוּ
וְהִכְאִיבוּ מָתוֹק.

כד

אֶת הַתַּצְלוּמִים שֶׁל יְרוּשָׁלַיִם הַמְחֻלֶּקֶת
שׂוֹרְפִים, וְאֶת מִכְתְּבֵי הָאַהֲבָה
הַיָּפִים כָּל כָּךְ שֶׁל אֲהוּבָה שְׁקֵטָה.

so that people would only see and not hear.
This is the end.

And how to start loving again is like the dilemma
of architects in an old city: how to build
where houses once stood, so it will look like
that time, yet also like our own.

23
Nineteen years this city was divided —
the lifetime of a young man who might have fallen in the war.
I long for the serenity and for the old longing.
Crazy people would cross through the fence that divided it,
enemies breached it,
lovers went up to it, testing,
like circus acrobats who try the net
before they dare to jump.

The patches of no-man's land were like placid bays.
Longing floated overhead in the sky
like ships whose anchors stuck deep in us, and sweetly
ached.

24
They're burning the photos of the divided Jerusalem
and the beautiful letters of the beloved,
who was so quiet.

חָזְרָה הַגְּבִירָה הַשְּׁלֵמָה וְהָרוֹעֶשֶׁת
עִם הַזָּהָב וְהַנְּחשֶׁת וְהָאֲבָנִים
לְחַיִּים שְׁמֵנִים וְחֻקִּיִּים.

אֲבָל אֲנִי לֹא אוֹהֵב אוֹתָהּ,
אֲנִי זוֹכֵר לִפְעָמִים אֶת הַשְּׁקֵטָה.

כח

לְמִי הַפָּנִים הַשְּׁקֵטוֹת בְּיוֹתֵר כָּאן?
מְצַלְצֵל הַפַּעֲמוֹן מֵהַר צִיּוֹן.
מַה הוֹלֵךְ לְהַר הַמּוֹרִיָּה?
יְלָדִים הוֹלְכִים עִם הוֹרֵיהֶם בְּשַׁבָּת
וְאוֹכְלִים שְׁקֵדִים רְקוּבִים וְעֹבֶשׁ שׁוֹקוֹלָד.

מִי לֹא סִדֵּר אֶת הַשֻּׁלְחָן?
מְלָכִים וּמַצְבִּיאִים וְגַם נְבִיאִים
שֶׁשִּׂחֲקוּ בְּקֻבִּיּוֹת עַל יְרוּשָׁלַיִם הַשֻּׁלְחָן
וְאַחַר כָּךְ פִּזְּרוּ עַל כָּל הָעוֹלָם.

מִי, פַּעַם, רָאָה אֶת יְרוּשָׁלַיִם עֲרֻמָּה?
אֲפִלּוּ אַרְכֵיאוֹלוֹגִים לֹא רָאוּ.
כִּי מֵעוֹלָם לֹא הִתְפַּשְּׁטָה עַד הַסּוֹף.
תָּמִיד לָבְשָׁה בָּתִּים חֲדָשִׁים
עַל הַבְּלוּיִים וְהַנִּקְרָעִים וְהַנִּשְׁבָּרִים.

The noisy old dowager, all of her,
with her gold and copper and stones,
has come back
to a fat legal life.

But I don't like her.
Sometimes I remember the quiet one.

28
Who has the quietest face here?
toll the bells of Mount Zion.
What goes to Mount Moriah?
Children go with their parents on the Sabbath,
eating rotten almonds and moldy chocolate.

Who hasn't cleared the table yet?
Kings and prophets and generals.
They were casting dice on the gameboard of Jerusalem
and scattered them all over the world.

Who has ever seen Jerusalem naked?
Not even the archeaological.
Jerusalem never gets completely undressed
but always puts on new houses
over the shabby and broken ones.

כט

אֲנָשִׁים נוֹסְעִים הַרְחֵק כְּדֵי
לוֹמַר: זֶה מַזְכִּיר לִי מָקוֹם אַחֵר.
זֶה כְּמוֹ אָז, זֶה דּוֹמֶה. אֲבָל
אֲנִי הִכַּרְתִּי אִישׁ שֶׁנָּסַע לְנְיוּ יוֹרְק
כְּדֵי לְהִתְאַבֵּד. טָעַן שֶׁבָּתֵּי יְרוּשָׁלַיִם
נְמוּכִים מִדַּי וְשֶׁמַּכִּירִים אוֹתוֹ.

אֲנִי זוֹכֵר אוֹתוֹ לְטוֹבָה, שֶׁהוֹצִיא
אוֹתִי מִן הַכִּתָּה בְּאֶמְצַע הַשִּׁעוּר:
"אִשָּׁה יָפָה מְחַכָּה לְךָ בַּחוּץ, בַּגַּן".
וְהִרְגִּיעַ אֶת הַיְלָדִים הָרוֹעֲשִׁים.

כְּשֶׁאֲנִי חוֹשֵׁב עַל הָאִשָּׁה וְהַגַּן,
אֲנִי זוֹכֵר אוֹתוֹ עַל הַגַּג הַגָּבוֹהַּ,
אֶת בְּדִידוּת מוֹתוֹ וְאֶת מוֹת בְּדִידוּתוֹ.

לא

אַרְבָּעָה בָּתֵּי כְּנֶסֶת הִתְחַפְּרוּ יַחְדָּו בָּאֲדָמָה
נֶגֶד הַפְּצָצוֹת הָאֱלֹהִים.
בָּאֶחָד, אֲרוֹנוֹת קֹדֶשׁ עִם מַמְתַּקִּים חֲבוּיִים
וּמִרְקַחַת מְתוּקָה שֶׁל דְּבַר אֲדֹנָי מְעוֹנָה בְּרוּכָה
בְּצִנְצָנוֹת יָפוֹת. בִּשְׁבִיל יְלָדִים
לַעֲמֹד עַל קְצוֹת הָאֶצְבָּעוֹת וּלְלַקֵּק בְּאֶצְבַּע זָהָב.
גַּם תַּנּוּרִים עִם חַמִּין וְדַיְסָה גּוֹלֶשֶׁת.

29

People travel a long distance to be able to say: This reminds me
of some other place.
It's like that time, it's similar. But
I knew a man who traveled all the way to New York
to commit suicide. He claimed that the buildings in Jerusalem
were too low and besides, everyone knew him there.

I remember him fondly because once
he called me out of the classroom in the middle of a lesson:
"A beautiful woman is waiting for you outside, in the garden."
And he quieted the noisy children.

Whenever I think about the woman and the garden,
I remember him up on that high roof:
the loneliness of his death, the death of his loneliness.

31

Four synagogues are entrenched together
against bombardments from God.
In the first, Holy Arks with candies hidden away,
and sweet preserves of God's Word from a blessed season,
all in beautiful jars, for children
to stand on tip-toe and lick with a golden finger.
Also ovens with *cholent* and oatmeal running over.

בַּשֵּׁנִי, אַרְבָּעָה עַמּוּדִים חֲזָקִים לְחֻפַּת נֶצַח.
בְּדִיעֲבַד אַהֲבָה.
הַשְּׁלִישִׁי, בֵּית מֶרְחָץ יָשָׁן עִם אֶשְׁנַבִּים לְמַעְלָה,
וְסִפְרֵי תּוֹרָה עֲרֻמִּים אוֹ מִתְפַּשְּׁטִים
מִשִּׂמְלוֹתֵיהֶם. "עֲנֵנוּ, עֲנֵנוּ"
בְּעַנְנֵי קִיטוֹר וּבְאֵדִים הַלְּבָנִים
עֲנֵנוּ עֲנֵנוּ עַד אָבְדַן הַחוּשִׁים.

הָרְבִיעִי:
מִתּוֹךְ הָעִזָּבוֹן שֶׁל הָאֱלֹהִים.

כֵּן. אֵלֶּה אֹהָלֶיךָ יַעֲקֹב בַּמַּעֲמַקִּים.
"מִכָּאן תַּתְחִיל הַיְרִידָה. לְהִשָּׁאֵר
בַּמְּקוֹמוֹת עַד הִנָּתֵן הַסִּימָן",
כְּמוֹ בְּטִיסָה שֶׁלְּעוֹלָם לֹא תִּנְחַת.

לב

בַּמִּגְרָשׁ שֶׁהָיָה קַפֶּנְדְּרִיַּת אוֹהֲבִים
חוֹנֶה קִרְקָס רוֹמָנִי.

לְיַד הַשְּׁקִיעָה מִתְגּוֹדְדִים עֲנָנִים
כִּפְלִיטִים בְּעִיר מִקְלָט זָרָה.

אִישׁ מִן הַמֵּאָה הָעֶשְׂרִים
מֵטִיל צֵל בִּיזַנְטִי סָגֹל־כֵּהֶה.

In the second, four strong pillars for an everlasting
wedding canopy. The result
of love.
The third, an old Turkish bathhouse with small, high windows
and Torah scrolls, naked
or taking off their robes. *Answer, answer us*
in clouds of vapor and white steam,
Answer, answer till the senses swoon.

The fourth:
part of God's bequest.

Yes. These are thy tents, O Jacob, *in profundis.*
"From here we begin the descent. Please remain seated
till the signal lights up." As on a flight
that will never land.

32
In the lot through which lovers took a short-cut
the Rumanian circus is parked.

Clouds mill around the setting sun like refugees
in an alien city of refuge.

A man of the twentieth century
casts a deep purple Byzantine shadow.

אִשָּׁה מְצִלָּה עַל עֵינֶיהָ בְּיָד מוּרֶמֶת
בְּצִלְצוּל אֶשְׁכּוֹל עֲנָבִים מוּרָם.

כְּאֵב גִּלָּה אוֹתִי בָּרְחוֹב,
הוּא שָׁרַק לַחֲבֵרָיו: הִנֵּה עוֹד אֶחָד.

עַל קֶבֶר אָבִי שָׁטְפוּ בָּתִּים חֲדָשִׁים
כְּטוּרֵי טַנְקִים. הוּא נִשְׁאַר גֵּאֶה וְלֹא נִכְבַּשׁ.

אִישׁ שֶׁאֵין לוֹ חֵלֶק בָּעוֹלָם הַבָּא
שׁוֹכֵב עִם אִשָּׁה שֶׁיֵּשׁ לָהּ.

תְּשׁוּקָתָם מְחֻזֶּקֶת
עַל יְדֵי כָּל הַמִּתְאַפְּקִים בַּמִּנְזָרִים סָבִיב.

הַבַּיִת הַזֶּה עִם אַהֲבָה בַּכַּרְכֹּב
וּבְדִידוּת בִּמְקוֹם תְּמוּכָה.

"מִן הַגַּג רוֹאִים" אוֹ "בַּשָּׁנָה הַבָּאָה"
בֵּין שְׁנֵי אֵלֶּה מִתְנַהֵל עוֹלָם וּזְמַן.

בָּעִיר הַזֹּאת מִפְלַס הַמַּיִם תָּמִיד
מִתַּחַת לְמִפְלַס הַמֵּתִים.

A woman shades her eyes with a raised hand, ringing
a bunch of lifted grapes.

Pain found me in the street
and whistled to his companions: Here's another one.

New houses flooded my father's grave
like tank columns. It stayed proud and didn't surrender.

A man who has no portion in the world to come
sleeps with a woman who does.

Their lust is reinforced by the self-restraint
in the monasteries all around.

This house has love carved on its gate
and loneliness for supports.

"From the roof you can see" or "Next year" —
between these two a whole life goes on.

In this city, the water-level
is always beneath the level of the dead.

לד

שֶׁהַר הַזִּכָּרוֹן יִזְכֹּר בִּמְקוֹמִי,
זֶה תַּפְקִידוֹ. שֶׁהַגָּן לְזֵכֶר יִזְכֹּר,
שֶׁהָרְחוֹב עַל שֵׁם יִזְכֹּר,
שֶׁהַבִּנְיָן הַיָּדוּעַ יִזְכֹּר,
שֶׁבֵּית הַתְּפִלָּה עַל שֵׁם אֱלֹהִים יִזְכֹּר,
שֶׁסֵּפֶר הַתּוֹרָה הַמִּתְגַּלְגֵּל יִזְכֹּר,
שֶׁהַיִּזְכֹּר יִזְכֹּר. שֶׁהַדְּגָלִים יִזְכְּרוּ,
הַתַּכְרִיכִים הַצִּבְעוֹנִיִּים שֶׁל הַהִסְטוֹרְיָה, אֲשֶׁר
הַגּוּפִים שֶׁעָטְפוּ הָפְכוּ אָבָק. שֶׁהָאָבָק יִזְכֹּר.
שֶׁהָאַשְׁפָּה תִּזְכֹּר בַּשַּׁעַר. שֶׁהַשִּׁלְיָה תִּזְכֹּר.
שֶׁחַיַּת הַשָּׂדֶה וְעוֹף הַשָּׁמַיִם יֹאכְלוּ וְיִזְכְּרוּ,
שֶׁכֻּלָּם יִזְכְּרוּ. כְּדֵי שֶׁאוּכַל לָנוּחַ.

לה

בַּקַּיִץ בָּאִים עַמִּים, הָאֶחָד אֶל הַשֵּׁנִי
לִרְאוֹת זֶה לָזֶה אֶת עֶרְוַת אַרְצוֹ.

עִבְרִית וַעֲרָבִית, שֶׁהֵן
כַּאֲבָנִים גְּרוֹנִיּוֹת וּכְחוֹל שֶׁל חֵךְ,
הִתְרַכְּכוּ כְּשֶׁמֶן בִּשְׁבִיל תַּיָּרִים.

ג׳יהָד וּמִלְחֶמֶת מִצְוָה
מִתְפּוֹצְצוֹת כִּתְאֵנִים.

34

Let the memorial hill remember instead of me,
that's what it's here for. Let the park in-memory-of remember,
let the street that's-named-for remember,
let the well-known building remember,
let the synagogue that's named after God remember
let the rolling Torah scroll remember, let the prayer
for the memory of the dead remember. Let the flags

                                    remember,
those multicolored shrouds of history: the bodies they

                                     wrapped
have long since turned to dust. Let the dust remember.
Let the dung remember at the gate. Let the afterbirth

                                     remember.
Let the beasts of the field and the birds of the heavens
eat and remember.
Let all of them remember so that I can rest.

35

In the summer whole peoples visit one another
to spy out each other's nakedness.

Hebrew and Arabic, that are like guttural
stones, like sand on the palate,
grow soft as oil for the tourist's sake.

Jihad and Jehovah's wars
burst like ripe figs.

רֶשֶׁת צִנּוֹרוֹת יְרוּשָׁלַיִם בּוֹלֶטֶת
כְּעוֹרְקִים וְגִידִים שֶׁל זָקֵן עָיֵף.

בָּתֶּיהָ כְּשִׁנַּיִם בְּלֶסֶת תַּחְתּוֹנָה
הַטּוֹחֲנוֹת לַשָּׁוְא,
כִּי הַשָּׁמַיִם רֵיקִים מֵעָלֶיהָ.

אוּלַי יְרוּשָׁלַיִם עִיר מֵתָה
שֶׁבָּהּ כָּל בְּנֵי הָאָדָם
רוֹחֲשִׁים כְּתוֹלַעַת וּכְרִמָּה.

לִפְעָמִים יֵשׁ לָהֶם חֲגִיגוֹת.

לז

כָּל הָאֲבָנִים הָאֵלֶּה, כָּל הָעֶצֶב הַזֶּה, כָּל
הָאוֹר, שִׁבְרֵי שְׁעוֹת לַיְלָה וְאֵפֶר צָהֳרַיִם,
כָּל הַצַּנֶּרֶת הַמְעֻקֶּמֶת שֶׁל קְדֻשָּׁה,
כֹּתֶל וּמִגְדָּלִים וְהִלּוֹת חֲלוּדוֹת,
כָּל הַנְּבוּאוֹת שֶׁלֹּא יָכְלוּ לְהִתְאַפֵּק כִּזְקֵנִים,
כָּל הַכְּנָפַיִם הַמְיֻזָּעוֹת שֶׁל מַלְאָכִים,
כָּל הַנֵּרוֹת הַמַּסְרִיחִים, כָּל הַתַּיָּרוּת הַתּוֹהֶבֶת,
גֶּלְלֵי גְאֻלָּה, אֹשֶׁר וָאֹשֶׁךְ
אַשְׁפַּת הָאַיִן, פְּצָצָה וּזְמַן,
כָּל הָאָבָק, כָּל הָעֲצָמוֹת הָאֵלֶּה
בְּתַהֲלִיךְ הַתְּחִיָּה וּבְתַהֲלִיךְ הָרוּחַ,
כָּל הָאַהֲבָה הַזֹּאת, כָּל
הָאֲבָנִים הָאֵלֶּה, כָּל הָעֶצֶב הַזֶּה.

Jerusalem's water pipes protrude
like the veins and sinews of a tired old man.

Its houses are like the teeth of a lower jaw,
grinding in vain
because the skies above it are empty.

Perhaps Jerusalem is a dead city
with people
swarming like maggots.

Sometimes they celebrate.

37
All these stones, all this sorrow, all this
light, rubble of night hours and noon-dust,
all the twisted pipework of sanctity,
Wailing Wall, towers, rusty halos
all the prophecies that — like old men — couldn't hold it in,
all the sweaty angels' wings,
all the stinking candles, all the prosthetic tourism,
dung of deliverance, bliss-and-balls,
dregs of nothingness, bomb and time.
All this dust, all these bones
in the process of resurrection and of the wind,
all this love, all these
stones, all this sorrow.

לְמַלֵּא בָּהֶם אֶת הַגֵּיאָיוֹת סָבִיב לָהּ,
כְּדֵי שֶׁיְּרוּשָׁלַיִם תִּהְיֶה לְמִישׁוֹר
לְמַעַן מְטוֹסֵי הַמָּתוֹק
שֶׁיָּבוֹא לָקַחַת אוֹתִי אֶל מַעְלָה.

טז

שִׁיר אוֹהֲבִים בִּירוּשָׁלַיִם: אֲנַחְנוּ
כְּלוּלִים בְּרֹב נְבוּאוֹת הַזַּעַם
וְכִמְעַט בְּכָל הַבְּשׂוֹרוֹת הַטּוֹבוֹת.

גַּם בַּגְּלוּיוֹת הַיָּפוֹת שֶׁל עִירֵנוּ
אֲנַחְנוּ נִמְצָאִים. אוּלַי אִי אֶפְשָׁר לִרְאוֹת
אוֹתָנוּ, כִּי יָשַׁבְנוּ בַּבַּיִת,
אוֹ קְטַנִּים מִדַּי:
הַצִּלּוּם נַעֲשָׂה מִמָּטוֹס עוֹבֵר.

Go heap them into the valleys all around
so Jerusalem will be level
for my sweet airplane
that will come and carry me up.

Translated by Chana Bloch

16

A song of lovers in Jerusalem: we are
included in most of the prophecies of wrath
and in almost all of the good messages.

We are to be found on picture postcards
of our city. Perhaps we can't be seen
because we were sitting in a house
or too small;
the picture was taken from
a passing airplane.

לג

שִׁיר מוֹלֶדֶת. הַכָּרַת הַמַּיִם שֶׁל הַסְּבִיבָה
מַתְחִילָה בַּדְּמָעוֹת.
לִפְעָמִים אֲנִי אוֹהֵב מַיִם, לִפְעָמִים אֶבֶן.
עַכְשָׁו אֲנִי נוֹטֶה חֶסֶד יוֹתֵר לָאֲבָנִים.
אַךְ זֶה עָשׂוּי לְהִשְׁתַּנּוֹת.

לו

כָּל עֶרֶב מוֹצִיא אֱלֹהִים אֶת סְחוֹרוֹתָיו
הַמַּבְרִיקוֹת מֵחַלּוֹן הָרַאֲוָה
מַעֲשֵׂי מֶרְכָּבָה, לוּחוֹת בְּרִית, פְּנִינִים יָפוֹת
צְלָבִים וּפַעֲמוֹנִים זוֹהֲרִים,
וּמַחֲזִיר אוֹתָם לְתוֹךְ אַרְגָּזִים אֲפֵלִים
בִּפְנִים וְסוֹגֵר אֶת הַתְּרִיס: "שׁוּב
לֹא בָּא אַף נָבִיא אֶחָד לִקְנוֹת".

33

A song of my homeland: The knowledge
of its waters starts with tears.

Sometimes I love water, sometimes stone.
These days I'm more in favor of stones.
But this might change.

36

Every night God takes his glittering
merchandise out of his showcase —
holy chariots, tables of law, fancy beads,
crosses and bells —
and puts them back into dark boxes
inside and pulls down the shutters: "Again,
not one prophet has come to buy."

Translated by Y.A. & Ted Hughes

שִׁירֵי הֶמְשֵׁךְ

שִׁירֵי הֶמְשֵׁךְ, מוּקְשִׁים וּקְבָרִים.
אֵלֶּה נִגְלִים כְּשֶׁעוֹשִׂים בַּיִת אוֹ כְּבִישׁ:
אָז בָּאִים אַנְשֵׁי הָעוֹרֵב מִמֵּאָה שְׁעָרִים שְׁחוֹרִים
לִצְרֹחַ מָרָה, "מֵת, מֵת". אָז בָּאִים חַיָּלִים
צְעִירִים וּבְיָדַיִם, שֶׁמִּן הַלַּיְלָה הַקּוֹדֵם,
מְפָרְקִים בַּרְזֶל וּמְפַעַנְחִים אֶת הַמָּוֶת.

אָז בּוֹאוּ, לֹא נִבְנֶה בַּיִת וְלֹא נָשִׂים כְּבִישׁ!
נַעֲשֶׂה בַּיִת מְקֻפָּל בְּתוֹךְ הַלֵּב וּכְבִישׁ
מְגֻלְגָּל כְּמוֹ עַל סְלִיל בַּנֶּפֶשׁ, בִּפְנִים,
וְלֹא נָמוּת לְעוֹלָם.

הָאֲנָשִׁים כָּאן חַיִּים בְּתוֹךְ נְבוּאוֹת שֶׁהִתְקַיְּמוּ,
כְּמוֹ בְּתוֹךְ עָנָן כָּבֵד אַחַר פִּצּוּץ שֶׁלֹּא הִתְפַּזֵּר.
וְכָךְ בְּעִוְרוֹנָם הַבּוֹדֵד הֵם נוֹגְעִים זֶה לָזֶה
בֵּין הָרַגְלַיִם, בֵּין הָעַרְבַּיִם,
כִּי אֵין לָהֶם זְמַן אַחֵר וְאֵין לָהֶם
מָקוֹם אַחֵר, וְהַנְּבִיאִים מֵתוּ מִזְּמַן.

Songs of Continuity

Songs of continuity, land mines and graves.
These are turned up when you build a house or a road:
Then come the black crow people from Meah Sh'earim*
to screech bitterly "dead, dead." Then come
young soldiers and with hands still bare from last night
they dismantle iron and decipher death.

So come, let's build no house and pave no road!
Let's make a house folded up in the heart
and a road rolled up in a coil in the soul, inside,
and we shall not die forever.

People here live inside prophecies that came true
as inside a thick cloud after an explosion
that did not disperse.
And so in their lonely blindness they
touch each other between the legs, in the twilight,
for they have no other time and they
have no other place,
and the prophets died long ago.

Translated by Y.A. & Ted Hughes

---

* Meah Sh'earim — Quarter of the ultra-orthodox in Jerusalem.

קֹטֶר הַפְּצָצָה

קֹטֶר הַפְּצָצָה הָיָה שְׁלֹשִׁים סֶנְטִימֶטְרִים
וְקֹטֶר תְּחוּם פְּגִיעָתָהּ כְּשִׁבְעָה מֶטְרִים
וּבוֹ אַרְבָּעָה הֲרוּגִים וְאַחַד עָשָׂר פְּצוּעִים.
וּמִסָּבִיב לָאֵלֶּה, בְּמַעְגָּל גָּדוֹל יוֹתֵר
שֶׁל כְּאֵב וּזְמַן, פְּזוּרִים שְׁנֵי בָּתֵּי חוֹלִים
וּבֵית קְבָרוֹת אֶחָד. אֲבָל הָאִשָּׁה
הַצְּעִירָה, שֶׁנִּקְבְּרָה בַּמָּקוֹם שֶׁמִּמֶּנּוּ
בָּאָה, בְּמֶרְחַק לְמַעְלָה מִמֵּאָה קִילוֹמֶטְרִים,
מַגְדִּילָה אֶת הַמַּעְגָּל מְאֹד מְאֹד,
וְהָאִישׁ הַבּוֹדֵד הַבּוֹכֶה עַל מוֹתָהּ
בְּיַרְכְּתֵי אַחַת מִמְּדִינוֹת הַיָּם הָרְחוֹקוֹת,
מַכְלִיל בַּמַּעְגָּל אֶת כָּל הָעוֹלָם.
וְלֹא אֲדַבֵּר כְּלָל עַל זַעֲקַת יְתוֹמִים
הַמַּגִּיעָה עַד לְכִסֵּא הָאֱלֹהִים
וּמִשָּׁם וָהָלְאָה וְעוֹשָׂה
אֶת הַמַּעְגָּל לְאֵין סוֹף וְאֵין אֱלֹהִים.

The Diameter of the Bomb

The diameter of the bomb was thirty centimeters
and the diameter of its effective range about seven meters,
with four dead and eleven wounded.
And around these, in a larger circle
of pain and time, two hospitals are scattered
and one graveyard. But the young woman
who was buried in the city she came from,
at a distance of more than a hundred kilometers,
enlarges the circle considerably,
and the solitary man mourning her death
at the distant shores of a country far across the sea
includes the entire world in the circle.
And I won't even mention the crying of orphans
that reaches up to the throne of God and
beyond, making
a circle with no end and no God.

Translated by Chana Bloch

הַמִּלִּים הָאֵלֶּה

הַמִּלִּים הָאֵלֶּה, כְּמוֹ עֲרֵמוֹת נוֹצוֹת
בִּקְצֵה יְרוּשָׁלַיִם עַל שְׂפַת עֵמֶק הַמַּצְלֵבָה.
שָׁם יָשְׁבוּ בְּיַלְדוּתִי הַמּוּרְטוֹת,
הַמִּלִּים הָאֵלֶּה כָּךְ מִתְעוֹפְפוֹת בָּעוֹלָם.
הַשְּׁאָר שָׁחוּט, אָכוּל, מְעֻכָּל, נִרְקָב וְנִשְׁכָּח.

אַנְדְּרוֹגִינוֹס הַזְּמַן, שֶׁהוּא לֹא יוֹם וְלֹא לַיְלָה,
מָחַק אֶת הָעֵמֶק הַזֶּה בְּגַנָּיו הַיְּרֻקִּים,
וּפַעַם הָיוּ מֶחְאֵי אַהֲבָה וּמְחָאוֹת
שֶׁעָשׂוּ בּוֹ בָּעֵשֶׂב הַיָּבֵשׁ בְּלֵילוֹת קַיִץ.

כָּךְ זֶה הִתְחִיל. מֵאָז, הַרְבֵּה מִלִּים
וְהַרְבֵּה אֲהָבוֹת. קְנִיַּת פְּרָחִים לָרֹב
לְיָדַיִם חַמּוֹת וּלְקִשּׁוּט קִבְרֵי מֵתִים.
כָּךְ זֶה הִתְחִיל, וְאֵינֶנִּי יוֹדֵעַ אֵיךְ זֶה יִגָּמֵר.
אַךְ עֲדַיִן מֵעֵבֶר לָעֵמֶק, מִכְּאֵב וּמֶרְחַקִּים
לָנֶצַח נִקְרָא זֶה אֶל זֶה: "נִשְׁתַּנֶּה!"

These Words

These words, like heaps of feathers
on the edge of Jerusalem, above the Valley of the Cross.
There, in my childhood, the women sat
plucking chickens.
These words fly now all over the world.
The rest is slaughtered, eaten,
digested, decayed, forgotten.

The hermaphrodite of time
who is neither day nor night
has wiped out this valley
with green well-groomed gardens.
Once experts of love used to come here
to perform their expertise
in the dry grass of summer nights.

That's how it started.
Since then — many words, many loves,
many flowers
bought for warm hands to hold
or to decorate tombs.

That's how it started
and I don't know how it will end.
But still, from beyond the valley,
from pain, and from distance
we shall forever go on calling out
to each other: "We'll change."

Translated by Y.A. & Ted Hughes

הַגָּן שֶׁנִּשְׁתַּל

הַגָּן שֶׁנִּשְׁתַּל לְזֵכֶר נַעַר שֶׁנָּפַל בַּמִּלְחָמָה,
הִתְחִיל לִהְיוֹת דּוֹמֶה לוֹ, כְּפִי שֶׁהָיָה
לִפְנֵי עֶשְׂרִים וּשְׁמוֹנֶה שָׁנִים,
יוֹתֵר וְיוֹתֵר דּוֹמֶה, כָּל שָׁנָה.
הוֹרָיו הַזְּקֵנִים בָּאִים הֵנָּה,
כִּמְעַט יוֹם יוֹם, לָשֶׁבֶת בּוֹ עַל סַפְסָל
וּלְהִסְתַּכֵּל בּוֹ.

וּבְכָל לַיְלָה מְזַמְזֶמֶת הַזְּכִירָה
כְּמָנוֹעַ בַּגָּן. בַּיּוֹם לֹא שׁוֹמְעִים.

The Little Park Planted

The little park planted in memory of a boy
who fell in the war begins
to resemble him
as he was twenty-nine years ago.
Year by year they look more alike.
His old parents come almost daily
to sit on a bench
and look at him.

And every night the memory in the garden
hums like a little motor:
During the day you can't hear it.

Translated by Y.A. & Ted Hughes

יְרוּשָׁלַיִם עִיר עֶרֶשׂ

יְרוּשָׁלַיִם עִיר עֶרֶשׂ הַמְנַעְנַעַת אוֹתִי.
כְּשֶׁאֲנִי מִתְעוֹרֵר קוֹרִים לִי דְּבָרִים בְּאֶמְצַע הַיּוֹם,
כְּמוֹ לְאָדָם הַיּוֹרֵד בְּמַדְרֵגוֹת בֵּית אֲהוּבָתוֹ
בַּפַּעַם הָאַחֲרוֹנָה וְעֵינָיו עֲצוּמוֹת עֲדַיִן.
אֲבָל יָמַי מַכְרִיחִים אוֹתִי לִפְקֹחַ עֵינַיִם וְלִזְכֹּר
פְּנֵי הָעוֹבְרִים עַל יָדַי: אוּלַי יֹאהַב אוֹתִי,
אוּלַי הִנִּיחַ פְּצָצָה עֲטוּפָה כַּחֲבִילָה
מְקֻשֶּׁטֶת שֶׁל מַתְּנַת אַהֲבָה. אֲנִי רוֹאֶה אֶת
מְקוֹמוֹת הַתַּרְפָּה בְּבָתֵּי הָאֶבֶן, אֶת
הַחוֹר שֶׁדַּרְכּוֹ הַחַשְׁמַל, אֶת הַנֶּקֶב לַמַּיִם,
אֶת עֶרְוַת חִבּוּר הַטֶּלֶפוֹן וְאֶת פִּיּוֹת הָאֲנָחָה.

אִישׁ יְרוּשָׁלַיִם אֲנִי. בְּרֵכוֹת שְׂחִיָּה וְקוֹלוֹתֵיהֶן
אֵינָם חֵלֶק מֵחַיֵּי נַפְשִׁי. הָאָבָק הַכָּרָתִי,
הָאֶבֶן תַּת־הַכָּרָתִי
וְכָל זִכְרוֹנוֹתַי, חֲצֵרוֹת סְגוּרוֹת בְּצָהֳרֵי קַיִץ.

Jerusalem is a Cradle

Jerusalem is a cradle city rocking me.
Whenever I wake up strange things happen to me
in the middle of the day, as though to someone
descending the stairs of his love's house
for the last time, with eyes still closed.
But my days force me to open my eyes and
to remember everyone passing me: Perhaps
he'll love me, perhaps he has planted a bomb
wrapped in nice paper like a present of love.
I observe all the weak spots in these stone houses,
the crack through which electricity enters,
the hole pierced for waterpipes,
the cunt for telephone wires to penetrate
and the mouths of sighs.

I am a Jerusalemite. Swimming pools with
their voices and noises are no part of my soul.
The dust is my conscious, the stone my subconscious,
and all my memories are closed courtyards
at summer's high noon.

Translated by Y.A. & Ted Hughes

לְיַד חֲפִירָה אַרְכֵיאוֹלוֹגִית

לְיַד חֲפִירָה אַרְכֵיאוֹלוֹגִית רָאִיתִי שִׁבְרֵי כֵּלִים
יְקָרִים, וְהֵם רְחוּצִים הֵיטֵב, מְנֻקִּים וּמְפֻנָּקִים.
וְרָאִיתִי לְיָדָם עֲרֵמַת עָפָר שָׁפוּךְ שֶׁלֹּא
יִצְלַח אַף לְגִדּוּל קוֹץ וְדַרְדַּר.

שָׁאַלְתִּי: מָה הֶעָפָר הַזֶּה אֲשֶׁר נִפּוּ
אוֹתוֹ וְטִלְטְלוּ אוֹתוֹ וְעִנּוּ אוֹתוֹ וְאַחַר
שָׁפְכוּ אוֹתוֹ? עָנִיתִי בְּלִבִּי: הֶעָפָר הַזֶּה
הוּא אֲנָשִׁים כָּמוֹנוּ, אֲשֶׁר בְּחַיֵּיהֶם הָיוּ מֻפְרָדִים
מִן הַנְּחֹשֶׁת וְהַזָּהָב וְהַשַּׁיִשׁ, וְכֵן בְּמוֹתָם.
הֶעָפָר הַזֶּה הוּא אֲנַחְנוּ, גּוּפֵינוּ וְנַפְשׁוֹתֵינוּ,
כָּל הַמִּלִּים שֶׁבְּפִינוּ, כָּל הַתִּקְווֹת.

At an Archaeological Site

At an archaeological site
I saw fragments of precious vessels, well cleaned
and groomed and oiled and spoiled.
And beside it I saw a heap of discarded dust
which wasn't even good for thorns and thistles
to grow on.

I asked: What is this gray dust which
has been pushed around and sifted
and tortured and then thrown away?

I answered in my heart: This dust
is people like us, who during their
lifetime lived separated from
copper and gold and marble stones
and all other precious things —
and they remained so in death.
We are this heap of dust, our
bodies, our souls, all the words
in our mouths, all hopes.

Translated by Y.A. & Ted Hughes

בָּעֵמֶק הַזֶּה

בָּעֵמֶק הַזֶּה, אֲשֶׁר מַיִם רַבִּים
חָפְרוּ אוֹתוֹ בִּשְׁנוֹת אֵין סְפֹר
כְּדֵי שֶׁרוּחַ קַלָּה תַּעֲבֹר בּוֹ עַכְשָׁו
לְהָצֵן אֶת מִצְחִי, אֲנִי חוֹשֵׁב עָלַיִךְ.
אֲנִי שׁוֹמֵעַ מִן הַמּוֹרָד קוֹלוֹת
אָדָם וּמְכוֹנָה בַּהֲרִיסָה וּבִבְנִיָּה.

וְיֵשׁ אֲהָבוֹת שֶׁאִי אֶפְשָׁר
לְהַעֲבִיר אוֹתָן אֶל מָקוֹם אַחֵר,
הֵן צְרִיכוֹת לָמוּת בִּמְקוֹמָן וְעִם זְמַנָּן,
כְּמוֹ רָהִיט יָשָׁן וּמְסֻרְבָּל
הַנֶּהֱרָס עִם הַבַּיִת שֶׁבּוֹ עָמַד.

אֲבָל הָעֵמֶק הַזֶּה הוּא סִכּוּי
לְהַתְחִיל מֵחָדָשׁ בְּלִי לָמוּת. לֶאֱהֹב
בְּלִי לִשְׁכֹּחַ אֶת הָאַהֲבָה הָאַחֶרֶת
וְלִהְיוֹת כָּרוּחַ הָעוֹבֶרֶת בּוֹ עַכְשָׁו
שֶׁלֹּא לָהּ נוֹעַד.

In This Valley

In this valley which many waters
carved out in endless years
so that the light breeze may now
pass through it to cool my forehead,
I think about you. From the hills I hear
voices of men and machines wrecking and building.

And there are loves which cannot
be moved to another place.
They must die at their place and in their time
like an old clumsy piece of furniture
that's destroyed together with
the house in which it stands.

But this valley is a hope
of starting afresh without having to die first,
of loving without forgetting the other love,
of being like the breeze
that passes through it now
without being destined for it.

Translated by Y.A. & Ted Hughes

אֶקוֹלוֹגְיָה שֶׁל יְרוּשָׁלַיִם

הָאֲוִיר מֵעַל לִירוּשָׁלַיִם רְווּי תְּפִלּוֹת וַחֲלוֹמוֹת
כְּמוֹ הָאֲוִיר מֵעַל לְעָרֵי תַּעֲשִׂיָּה כְּבֵדָה.
קָשֶׁה לִנְשֹׁם.

וּמִזְּמַן לִזְמַן מַגִּיעַ מִשְׁלוֹחַ חָדָשׁ שֶׁל הִסְטוֹרְיָה
וְהַבָּתִּים וְהַמִּגְדָּלִים הֵם חָמְרֵי אֲרִיזָתָהּ,
שֶׁאַחַר כָּךְ מֻשְׁלָכִים וְנֶעֱרָמִים בַּעֲרֵמוֹת.

וְלִפְעָמִים בָּאִים נֵרוֹת בִּמְקוֹם בְּנֵי אָדָם,
אָז שֶׁקֶט.
וְלִפְעָמִים בָּאִים בְּנֵי אָדָם בִּמְקוֹם נֵרוֹת,
אָז רַעַשׁ.

וּבְתוֹךְ גַּנִּים סְגוּרִים, בֵּין שִׂיחֵי יַסְמִין
מְלֵאֵי בֹשֶׂם, קוֹנְסוּלִיוֹת זָרוֹת,
כְּמוֹ כַּלּוֹת רָעוֹת שֶׁנִּדְחוּ,
אוֹרְבוֹת לִשְׁעָתָן.

Ecology of Jerusalem

The air over Jerusalem is saturated with prayers and dreams
like the air over industrial cities.
It's hard to breathe.

And from time to time a new shipment of history arrives
and the houses and towers are its packing materials.
Later these are discarded and piled up in dumps.

And sometimes candles arrive instead of people,
and then it's quiet.
And sometimes people come instead of candles,
and then there's noise.

And in enclosed gardens heavy with jasmine
foreign consulates,
like wicked brides that have been rejected,
lie in wait for their moment.

Translated by Chana Bloch

שַׁעַר שְׁכֶם

אֲנִי שׁוֹכֵחַ אֵיךְ הָיָה הָרְחוֹב
לִפְנֵי חֹדֶשׁ, אַךְ אֲנִי זוֹכֵר
אוֹתוֹ מִתְּקוּפַת הַצַּלְבָנִים, לְמָשָׁל.

(סְלִיחָה, זֶה נָפַל לְךָ. זֶה שֶׁלְּךָ?
הָאֶבֶן? לֹא זֹאת, זֹאת נָפְלָה
לִפְנֵי 900 שָׁנָה.)

שַׁעַר גָּדוֹל וּלְרַגְלָיו
גּוּר שַׁעַר קָטָן.
אִישׁ זָקֵן עִוֵּר כּוֹרֵעַ לִקְשֹׁר
נַעַל נֶכְדּוֹ הַתִּינוֹק.

(סְלִיחָה, אֵיפֹה כָּאן הַמִּשְׁכָּחָה
הַצִּבּוּרִית?)

יַלְדוּת שֶׁזָּקְנָה הִיא בַּגְרוּתִי:
צְמַרְמֹרֶת יָמַי, "מְטַר יָמַי", כְּפִי שֶׁאָמַר
דִּילַאן, הוּא הַגַּאוּת:

"בְּחַצְרוֹת אֱלֹהֵינוּ יַפְרִיחוּ", מָה הֵן
הַחֲצֵרוֹת הָאֵלֶּה? אֵיךְ הֵן?

Damascus Gate in Jerusalem

I forget how the road was
a month ago, but I remember it
from the Crusader era, for example.

(Excuse me, this fell. Is it yours?
The stone? Not this, this fell
nine hundred years ago.)

A great gate and at its feet
a little whelp gate.
A blind old man bends to tie
the shoe of his baby grandchild.

(Excuse me, where can I find the Public
Forgetter?)

A childhood grown old is my maturity:
Fever of my days, "shower of all my days," said
Dylan, who is flood tide.

"In the courtyards of our Lord they'll flourish." What are
those courtyards? Like what?

Translated by Harold Schimmel

הַטַּחֲנָה בִּימִין מֹשֶׁה

הַטַּחֲנָה הַזֹּאת מֵעוֹלָם לֹא טָחֲנָה קֶמַח.
הִיא טָחֲנָה אֲוִיר קָדוֹשׁ וְצִפֳּרֵי
גַּעְגּוּעִים שֶׁל בְּיַאלִיק, הִיא טָחֲנָה
מִלִּים וּזְמַן טָחוּן, הִיא טָחֲנָה
גֶּשֶׁם וַאֲפִלּוּ פְּגָזִים,
אֲבָל הִיא לֹא טָחֲנָה קֶמַח מֵעוֹלָם.

עַכְשָׁו הִיא גִּלְּתָה אוֹתָנוּ,
וְטוֹחֶנֶת אֶת חַיֵּינוּ יוֹם יוֹם,
לַעֲשׂוֹת מֵאִתָּנוּ קֶמַח שָׁלוֹם
לֶאֱפוֹת מֵאִתָּנוּ אֶת לֶחֶם הַשָּׁלוֹם
לַדּוֹרוֹת הַבָּאִים.

The Windmill in Yemin Moshe

This windmill never ground flour.
It ground holy air and Bialik's
Birds of longing, it ground
Words and ground time, it ground
Rain and even shells
But it never ground flour.

Now it's discovered us,
And grinds our lives day by day
Making out of us the flour of peace
Making out of us the bread of peace
For the generation to come.

Translated by Glenda Abramson & Tudor Parfitt

רוֹעֶה עֲרָבִי מְחַפֵּשׂ גְּדִי בְּהַר צִיּוֹן

רוֹעֶה עֲרָבִי מְחַפֵּשׂ גְּדִי בְּהַר צִיּוֹן,
וּבָהָר מִמּוּל אֲנִי מְחַפֵּשׂ אֶת בְּנִי הַקָּטָן.
רוֹעֶה עֲרָבִי וְאָב יְהוּדִי
בְּכִשְׁלוֹנָם הַזְּמַנִּי.
קוֹלוֹת שְׁנֵינוּ נִפְגָּשִׁים מֵעַל
לִבְרֵכַת הַשֻּׁלְטָן בָּעֵמֶק בָּאֶמְצַע.
שְׁנֵינוּ רוֹצִים שֶׁלֹּא יִכָּנְסוּ
הַבֵּן וְהַגְּדִי לְתוֹךְ תַּהֲלִיךְ
הַמְּכוֹנָה הַנּוֹרָאָה שֶׁל חַד גַּדְיָא.

אַחַר־כָּךְ מָצָאנוּ אוֹתָם בֵּין הַשִּׂיחִים,
וְקוֹלוֹתֵינוּ חָזְרוּ אֵלֵינוּ וּבָכוּ וְצָחֲקוּ בִּפְנִים.

הַחִפּוּשִׂים אַחַר גְּדִי אוֹ אַחַר בֵּן
הָיוּ תָּמִיד
הַתְחָלַת דָּת חֲדָשָׁה בֶּהָרִים הָאֵלֶּה.

An Arab Shepherd is Searching for
His Goat on Mount Zion

An Arab shepherd is searching for his goat on Mount Zion
and on the opposite mountain I am searching
for my little boy.
An Arab shepherd and a Jewish father
both in their temporary failure.
Our voices meet
above the Sultan's Pool in the valley between us.
Neither of us wants
the child or the goat to get caught in the wheels
of the terrible *Had Gadya* machine.

Afterward we found them among the bushes
and our voices came back inside us, laughing and crying.

Searching for a goat or a son
has always been the beginning
of a new religion in these mountains.

Translated by Chana Bloch

יְרוּשָׁלַיִם מְלֵאָה יְהוּדִים מְשֻׁמָּשִׁים

יְרוּשָׁלַיִם מְלֵאָה יְהוּדִים מְשֻׁמָּשִׁים בְּהִסְטוֹרְיָה,
יְהוּדִים יָד שְׁנִיָּה, עִם פְּגִימוֹת קַלּוֹת, זוֹלִים יוֹתֵר.
וְהָעַיִן לְצִיּוֹן צוֹפִיָּה כָּל הַזְּמַן. וְכָל הָעֵינַיִם
שֶׁל חַיִּים וְשֶׁל מֵתִים נִשְׁבָּרוֹת כְּמוֹ בֵּיצִים
עַל שְׂפַת הַקְּעָרָה לַעֲשׂוֹת אֶת הָעִיר
עֲשִׁירָה וּשְׁמֵנָה וְתוֹפַחַת.

יְרוּשָׁלַיִם מְלֵאָה יְהוּדִים עֲיֵפִים
וְהֵם מֻצְלָפִים תָּמִיד מֵחָדָשׁ לִימֵי זִכָּרוֹן וְחַג
כְּמוֹ דֻּבִּים מְרַקְּדִים בִּכְאֵב רַגְלַיִם.

מַה יְּרוּשָׁלַיִם צְרִיכָה? הִיא לֹא צְרִיכָה רֹאשׁ עִיר,
הִיא צְרִיכָה מְנַהֵל קִרְקָס, עִם שׁוֹט בַּיָּד
לְאַלֵּף נְבוּאוֹת וּלְאַמֵּן נְבִיאִים לִדְהֹר
סָבִיב סָבִיב בַּמַּעְגָּל, וּלְלַמֵּד אֶת אֲבָנֶיהָ לְהִסְתַּדֵּר
בְּמִבְנֶה נוֹעָז וּמְסֻכָּן בְּקֶטַע הַסִּיּוּם.

אַחַר כָּךְ הֵן קוֹפְצוֹת לְמַטָּה עַל הָאָרֶץ
לְקוֹל תְּשׁוּאוֹת וּמִלְחָמוֹת.

וְהָעַיִן לְצִיּוֹן צוֹפִיָּה וּבוֹכִיָּה.

Jerusalem is Full of Used Jews

Jerusalem is full of used Jews, worn out by history,
Jews second-hand, slightly damaged, at bargain prices.
And the eye yearns toward Zion all the time. And all the eyes
of the living and the dead are cracked like eggs
on the rim of the bowl, to make the city
puff up rich and fat.

Jerusalem is full of tired Jews,
always goaded on again for holidays, for memorial days,
like circus bears dancing on aching legs.

What does Jerusalem need? It doesn't need a mayor,
it needs a ring-master, whip in hand,
who can tame prophecies, train prophets to gallop
around and around in a circle, teach its stones to line up
in a bold, risky formation for the grand finale.

Later they'll jump back down again
to the sound of applause and wars.

And the eye yearns toward Zion, and weeps.

Translated by Chana Bloch

בַּמַּדְרֵגוֹת הָרְחָבוֹת — בַּמַּאֲבָק לְאֹשֶׁר

בַּמַּדְרֵגוֹת הָרְחָבוֹת הַיּוֹרְדוֹת לַכֹּתֶל הַמַּעֲרָבִי
בָּאָה מוּלִי אִשָּׁה יָפָה: "אַתָּה לֹא זוֹכֵר אוֹתִי,
אֲנִי שׁוֹשַׁנָּה בְּעִבְרִית. אַחֶרֶת בְּשָׂפוֹת אֲחֵרוֹת. הַכֹּל הֶבֶל".

כָּךְ אָמְרָה בִּשְׁעַת הָעַרְבַּיִם וְעָמְדָה בֵּין הֶהָרוּס
וּבֵין הַנִּבְנֶה, בֵּין הָאוֹר וּבֵין הַחֹשֶׁךְ.
צִפֳּרִים שְׁחֹרוֹת וְצִפֳּרִים לְבָנוֹת הִתְחַלְּפוּ
אֵלֶּה עִם אֵלֶּה בְּקֶצֶב נְשִׁימָה גָּדוֹל.
הֶבְהֵק מַצְלֵמוֹת הַתַּיָּרִים הֵאִיר גַּם אֶת זִכְרוֹנִי:
מָה אַתְּ עוֹשָׂה כָּאן בֵּין הַמֻּבְטָח וּבֵין הַשָּׁכוּחַ,
בֵּין הַמְקֻוֶּה וּבֵין הַמְדֻמֶּה?
מָה אַתְּ עוֹשָׂה כָּאן בַּמַּאֲבָק לְאֹשֶׁר
עִם פָּנַיִךְ הַיָּפִים מְפֻרְסֶמֶת תַּיָּרוּת שֶׁל אֱלֹהִים
וְנַפְשֵׁךְ שְׁסוּעָה וּקְרוּעָה כְּנַפְשִׁי?

עָנְתָה לִי: נַפְשִׁי שְׁסוּעָה וּקְרוּעָה כְּנַפְשְׁךָ
אַךְ הִיא יָפָה מִכָּךְ,
כְּמוֹ תַּחֲרָה יָפָה.

Lying in Wait for Happiness

On the broad steps leading down to the Western Wall
A beautiful woman came up to me: You don't remember me,
I'm Shoshana in Hebrew. Something else in other languages.
All is vanity.

Thus she spoke at twilight standing between the destroyed
And the built, between the light and the dark.
Black birds and white birds changed places
With the great rhythm of breathing.
The flash of tourists' cameras lit my memory too:
What are you doing here between the promised and the
                                                    forgotten,
Between the hoped for and the imagined?
What are you doing here lying in wait for happiness
With your lovely face a tourist advertisement from God
And your soul rent and torn like mine?

She answered me: My soul is rent and torn like yours
But it is beautiful because of that
Like fine lace.

Translated by Glenda Abramson & Tudor Parfitt

אֵינֶנִּי יוֹדֵעַ אִם הַהִסְטוֹרְיָה חוֹזֶרֶת

אֵינֶנִּי יוֹדֵעַ אִם הַהִסְטוֹרְיָה חוֹזֶרֶת
אֲבָל אֲנִי יוֹדֵעַ שֶׁאַתְּ — לֹא.

אֲנִי זוֹכֵר שֶׁהָעִיר הָיְתָה מְחֻלֶּקֶת
לֹא רַק בֵּין יְהוּדִים וַעֲרָבִים,
אֶלָּא גַּם בֵּינִי וּבֵינֵךְ,
כְּשֶׁהָיִינוּ בָּהּ יַחְדָּו.

עָשִׂינוּ לָנוּ רֶחֶם מִן הַסַּכָּנוֹת,
בָּנִינוּ לָנוּ בַּיִת מִן הַמִּלְחָמָה הַמְּמִיתָה,
כְּמוֹ אַנְשֵׁי הַצָּפוֹן הָרָחוֹק
שֶׁבּוֹנִים לָהֶם בַּיִת מוּגָן וָחַם
מִן הַקֶּרַח הַמֵּמִית.

הָעִיר הִתְאַחֲדָה שׁוּב,
אֲבָל כְּבָר לֹא הָיִינוּ בָּהּ יַחְדָּו.
עַכְשָׁו אֲנִי כְּבָר יוֹדֵעַ
שֶׁהַהִסְטוֹרְיָה לֹא חוֹזֶרֶת,
כְּשֵׁם שֶׁיָּדַעְתִּי תָּמִיד שֶׁאַתְּ — לֹא.

I Don't Know If History Repeats Itself

I don't know if history repeats itself
But I do know that you don't.

I remember that the city was divided
Not only between Jews and Arabs,
But between me and you,
When we were there together.

We made ourselves a womb of dangers
We built ourselves a house of deadening wars
Like men of the far north
Who build themselves a safe warm house
Of deadening ice.

The city has been reunited
But we haven't been there together.
By now I know
That history doesn't repeat itself,
As I always knew that you wouldn't.

Translated by Glenda Abramson & Tudor Parfitt

בְּבַיִת הַיָּשָׁן גָּרוֹת שְׁתֵּי נְעָרוֹת

בְּבַיִת הַיָּשָׁן גָּרוֹת שְׁתֵּי נְעָרוֹת.
לִפְעָמִים הֵן גּוֹאוֹת וְלִפְעָמִים נֶעֱלָמוֹת כָּאֲפִיקִים בַּנֶּגֶב
לִפְעָמִים הֵן עֶשֶׂר וְלִפְעָמִים הֵן רַק אַחַת.

לִפְעָמִים הָאוֹר הַצָּהֹב דּוֹלֵק אֶצְלָן כָּל הַלַּיְלָה,
כְּמוֹ בְּלוּל תַּרְנְגוֹלוֹת, כְּדֵי אַהֲבַת עֶשְׂרִים וְאַרְבַּע
שָׁעוֹת, וְלִפְעָמִים רַק אוֹר קָטָן וַאֲדַמְדַּם
כְּמוֹ סַכָּרִיָּה עִם הִלַּת קְדוֹשִׁים סְבִיבָהּ.

וְעֵץ תּוּת גָּדוֹל עוֹמֵד שָׁם בְּאֶמְצַע הֶחָצֵר.
וּבָאָבִיב הַרְבֵּה פֵּרוֹת עַל הָעֵץ, וְהַרְבֵּה
פֵּרוֹת עַל הָאָרֶץ.

אַחַת מִתְכּוֹפֶפֶת לֶאֱסֹף,
וְהַשְּׁנִיָּה מִתְמַתַּחַת לִקְטֹף.
עֵינַי נֶהֱנוֹת מִשְׁתֵּיהֶן:
הָאַחַת לְבוּשָׁה רַק גּוּפִיַּת גֶּבֶר וְלֹא יוֹתֵר,
וְהַשְּׁנִיָּה, סַנְדָּלִים עִם שְׂרוֹכִים
כְּרוּכִים כִּמְעַט עַד הַטַּבּוּר.

Two Girls Live in an Old House

Two girls live in an old house.
Sometimes they overflow and sometimes they vanish like
   streams in the desert.
Sometimes they're ten and sometimes they're just one.

Sometimes their yellow light burns all night,
Like a chicken battery for twenty-four hours of love
And sometimes there's only a small reddish light
Like a sweet with a halo around it.

A great mulberry tree stands in the middle of the yard.
And in the spring there's a lot of fruit on the tree
And on the ground.

One of them bends down to gather,
And the other stretches out to pluck.
My eyes enjoy them both:
One wears a man's T-shirt and nothing else,
The other, sandals with thongs
Wrapped round almost to the navel.

Translated by Glenda Abramson & Tudor Parfitt

מִזְמוֹר

מִזְמוֹר בְּיוֹם שֶׁבּוֹ
קַבְּלָן בִּנְיָן אֶחָד רִמָּה אוֹתִי, מִזְמוֹר.
טִיחַ נוֹפֵל מִן הַתִּקְרָה,
הַקִּיר חוֹלֶה, צֶבַע נִבְקָע כִּשְׂפָתַיִם.

הַגְּפָנִים שֶׁתַּחְתֵּיהֶן יָשַׁבְתִּי, הַתְּאֵנָה,
כָּל אֵלֶּה מִלִּים. וְאִוְשַׁת אִילָנוֹת
עוֹשָׂה אַשְׁלָיַת אֱלֹהִים וָצֶדֶק.

אֲנִי טוֹבֵל אֶת הַמַּבָּט הַיָּבֵשׁ,
כְּלֶחֶם לְתוֹךְ הַמָּוֶת הַמְרַכֵּךְ
אֲשֶׁר תָּמִיד עַל הַשֻּׁלְחָן לְפָנַי.
מִזְּמַן הָפְכוּ חַיַּי אֶת חַיַּי לְדֶלֶת מִסְתּוֹבֶבֶת,
אֲנִי חוֹשֵׁב עַל אֵלֶּה, אֲשֶׁר, בְּאֹשֶׁר וְהַצְלָחָה
הִרְחִיקוּ לֶכֶת מִמֶּנִּי, אֲשֶׁר הֵם
נִשָּׂאִים לְרַאֲוָה בֵּין שְׁנַיִם,
כְּאֶשְׁכּוֹלוֹת עֲנָבִים מְפֻנָּקִים וּמַבְרִיקִים
וְעַל אֵלֶּה אֲשֶׁר גַּם הֵם נִשָּׂאִים מִכָּאן
בֵּין שְׁנַיִם וְהֵם פְּגוּעִים אוֹ מֵתִים, מִזְמוֹר.

Psalm

A song on a day
some building contractor
cheated me. A psalm.
Plaster falls from the ceiling,
the wall is sick, paint cracks like lips.

The vines I've sat under, the fig tree,
all are words. The rustling of leaves
gives an illusion of God and of justice.

I dip my dry look
like bread into the softening death
that is always on the table before me.
Already my life has turned
my life into a revolving door.
I think of those who, in happiness and success,
have left me behind, those
who like pampered and brilliant grapes
are carried for show between two
and those who are also carried
between two and they are wounded or dead. A psalm.

בְּיַלְדוּתִי שַׁרְתִּי בְּמַקְהֲלוֹת בֵּית הַכְּנֶסֶת,
שַׁרְתִּי עַד קוֹלִי נִשְׁבַּר, שַׁרְתִּי
קוֹל רִאשׁוֹן וְקוֹל שֵׁנִי. אָשִׁיר
עַד לִבִּי יִשָּׁבֵר, לֵב רִאשׁוֹן וְלֵב שֵׁנִי
מִזְמוֹר.

When I was a child I sang in the synagogue choir,
I sang until my voice broke. I sang
first voice and second voice. I'll sing
until my heart breaks, first heart and second heart.
A psalm.

Translated by Harold Schimmel

אָסוּר לְהֵרָאוֹת חֲלָשָׁה

אָסוּר לְהֵרָאוֹת חֲלָשָׁה
וְצָרִיךְ לִהְיוֹת שָׁזוּף.
אֲבָל לִפְעָמִים אֲנִי חָשׁ כְּמוֹ צְעִיפִים חִוְּרִים
שֶׁל נָשִׁים יְהוּדִיּוֹת שֶׁהִתְעַלְּפוּ
בַּחֲתֻנּוֹת וּבְיוֹם הַכִּפּוּרִים.

אָסוּר לְהֵרָאוֹת חֲלָשָׁה
וְצָרִיךְ לַעֲשׂוֹת רְשִׁימָה
שֶׁל כָּל הַחֲפָצִים שֶׁאֶפְשָׁר לְהַעֲמִיס
עַל עֶגְלַת יְלָדִים בְּלִי יְלָדִים.

הַמַּצָּב הוּא עַכְשָׁו כָּזֶה
שֶׁאִם אֲנִי מוֹצִיא אֶת הַפְּקָק מִן הָאַמְבָּט,
אַחַר הָרַחֲצָה הַנְּעִימָה וְהַמְפַנֶּקֶת,
אֲנִי חוֹשֵׁשׁ שֶׁכָּל יְרוּשָׁלַיִם, וְעִמָּהּ כָּל הָעוֹלָם
יִזָּרְמוּ לְתוֹךְ הַחֹשֶׁךְ הַגָּדוֹל.

בַּיּוֹם אֲנִי מַצִּיב מַלְכּוֹדוֹת לְזִכְרוֹנוֹתַי
וּבַלַּיְלָה אֲנִי עוֹבֵד בְּמִפְעֲלֵי בִּלְעָם,
לַהֲפֹךְ קְלָלָה לִבְרָכָה וּבְרָכָה לִקְלָלָה.

You Mustn't Show Weakness

You mustn't show weakness
And you have to be tanned.
But sometimes I feel like the white veils
Of Jewish women who faint
At weddings and on the Day of Atonement.

You mustn't show weakness
And you have to make a list
Of all the things you can pile
On a child's stroller empty of children.

This is the situation:
If I take the plug out of the tub
After a pleasant and luxurious bath,
I feel that all Jerusalem and with it the whole world
Will empty out into the great darkness.

In the day I lay traps for my memories
And at night I work in Balaam's factories
Changing curse to blessing and blessing to curse.

וְאָסוּר לְהַרְאוֹת חֻלְשָׁה.
לִפְעָמִים אֲנִי מִתְמוֹטֵט בְּתוֹכִי
בְּלִי שֶׁרוֹאִים עָלַי. אֲנִי כְּמוֹ אַמְבּוּלַנְס
מְהַלֵּךְ עַל שְׁתֵּי רַגְלַיִם וּמְטַלְטֵל בְּתוֹכִי
אֶת הַמְמֻטָּט אֶל לֹא-עֶזְרָה,
מַשְׁמִיעַ קוֹל צוֹפָר מְיַלֵּל
וַאֲנָשִׁים חוֹשְׁבִים שֶׁזֶּה דִּבּוּר רָגִיל.

And you mustn't show weakness.
Sometimes I collapse inside myself
Without people noticing. I'm like an ambulance
On two legs carrying the patient
Inside myself to a no-aid station
With sirens blaring.
People think it's normal speech.

Translated by Glenda Abramson & Tudor Parfitt

קִינוֹת עַל הַמֵּתִים בַּמִּלְחָמָה

א

אָדוֹן בֶּרִינְגֶר שֶׁבְּנוֹ
נָפַל בַּתְּעָלָה, חֲפָרוּהָ
זָרִים בִּשְׁבִיל אֲנִיּוֹת, לַעֲבֹר בַּמִּדְבָּר,
עוֹבֵר דֶּרֶךְ שַׁעַר יָפוֹ, לְיָדִי:

הוּא רָזָה מְאֹד: אִבֵּד
מִשְׁקַל בְּנוֹ.
לָכֵן הוּא צָף קַל בַּסִּמְטָאוֹת
וְנֶאֱחָז בְּלִבִּי כַּעֲנָפִים דַּקִּים
וְנִגְרָפִים.

from **Laments for the Fallen in the War**

1

Mr. Beringer, whose son
fell by the Canal, which
was dug by strangers
for ships to pass through the desert,
is passing me at the Jaffa gate:

He has become very thin; has lost
his son's weight.
Therefore he is floating lightly
through the alleys,
getting entangled in my heart
like driftwood.

Translated by Y.A. & Ted Hughes

בָּעִיר הָעַתִּיקָה

בּוֹכֵי חַגִּים אֲנַחְנוּ, חוֹרְטֵי שֵׁמוֹת עַל כָּל אֶבֶן,
נְגוּעֵי תִּקְוָה, בְּנֵי עֲרֵבָה שֶׁל מֶמְשָׁלוֹת וְהִסְטוֹרְיָה,
מוּעֲפֵי רוּחַ וְשׁוֹאֲבֵי אֲבַק קֹדֶשׁ,
הַמֶּלֶךְ שֶׁלָּנוּ הוּא יֶלֶד בּוֹכֶה וְיָפֶה,
תְּמוּנָתוֹ תְּלוּיָה בְּכָל מָקוֹם.
הַמַּדְרֵגוֹת מַכְרִיחוֹת אוֹתָנוּ תָּמִיד
לְקַפֵּץ כְּמוֹ בְּרִקּוּד עַלִּיז, גַּם
מִי שֶׁעָצוּב וְלִבּוֹ כָּבֵד.

אֲבָל הַזּוּג הָאֱלֹהִי יוֹשֵׁב עַל מִרְפֶּסֶת
בֵּית־הַקָּפֶה: לוֹ יָד חֲזָקָה וּזְרוֹעַ נְטוּיָה
וְלָהּ שֵׂעָר אָרֹךְ. הֵם רְגוּעִים עַכְשָׁו,
אַחַר קָרְבַּן חַלְוָה וּדְבַשׁ וּקְטֹרֶת חָשִׁישׁ,
שְׁנֵיהֶם לוֹבְשִׁים כֻּתָּנוֹת אֲרֻכּוֹת וּשְׁקוּפוֹת
בְּלִי בְּגָדִים תַּחְתּוֹנִיִּים.
כְּשֶׁהֵם קָמִים מִמְּנוּחָתָם מוּל הַשֶּׁמֶשׁ
הַשּׁוֹקַעַת בְּשַׁעַר יָפוֹ, הַכֹּל עוֹמְדִים
וּמַבִּיטִים בָּהֶם:
שְׁתֵּי הִלּוֹת לְבָנוֹת סְבִיב הַגּוּפִים הָאֲפֵלִים.

In the Old City

We are holiday weepers, engraving our names on every stone,
infected by hope, hostages of governments and history,
blown by the wind, vacuuming holy dust,
our king is a young child, weeping and beautiful,
his picture hangs everywhere.
These stairs always force us to bob
up and down, as if in a merry dance,
even those of us who are heavy-hearted.

But the divine couple sit on the terrace of the coffee-shop:
he has a mighty hand and an outstretched arm,
she has long hair. They are at peace now
after the offering of halvah and honey and hashish-smoke,
both dressed in long transparent gowns
without underclothes.
When they rise from their resting place opposite the sun
as it sets on Jaffa Gate,
everyone stands up to gaze at them.
Two white auras surround their dark bodies.

Translated by Chana Bloch

הַשָּׁמַיִם שָׁמַיִם לַאֲדֹנָי

הַשָּׁמַיִם שָׁמַיִם לַאֲדֹנָי
וְהָאָרֶץ נָתַן לִבְנֵי אָדָם. אֲבָל
שֶׁל מִי בָּתֵּי הַתְּפִלָּה מִזָּהָב וּמְשַׁיִשׁ?
וְכַמָּה מִן הָאֲנָשִׁים הַמְנַשְּׁקִים לַמְּזוּזָה
נִשְּׁקוּ בְּאַהֲבָה כָּזֹאת עַל יְדֵי אִשָּׁה?
וְכַמָּה מִן הַנָּשִׁים הַמִּשְׁתַּטְּחוֹת עַל קֶבֶר קָדוֹשׁ
נִבְעֲלוּ בְּחַיֵּיהֶן מֵאָחוֹר וְהִתְיַפְּחוּ מֵאֹשֶׁר?

וּמַה יִּהְיֶה עִם מַדְרִיךְ הַתַּיָּרִים הַזָּקֵן
אֲשֶׁר רָקַד עִם יְרוּשָׁלַיִם מֵאָז הָיָה צָעִיר,
וְהוּא עָיֵף וְהִיא מַמְשִׁיכָה לִרְקֹד
וְהוּא זָרוּק לְיַד הַשַּׁעַר,
מִכְנָסָיו פְּעוּרִים מֵאֵין כַּפְתּוֹרִים
וְרַק זְבוּבִים עֲדַיִן חוֹשְׁבִים שֶׁהוּא מָתוֹק.

כִּי הַשָּׁמַיִם שָׁמַיִם לַאֲדֹנָי וְהָאָרֶץ
נָתַן לִבְנֵי אָדָם, אֲבָל שֶׁל מִי
הַשֻּׁלְחָן וְשֶׁל מִי הַיָּד עַל הַשֻּׁלְחָן?

The Heavens are the Lord's Heavens

The heavens are the Lord's heavens
And the earth He gave to man. But
Whose are the gold and marble houses of prayer?
And how many of the men who kiss the mezuzah
Have been kissed with a love like that by a woman?
And how many of the women who throw themselves
          on a holy tomb
Have ever been taken from behind and fainted from pleasure?

And what will become of the old tourist guide
Who's danced with Jerusalem since his youth.
Now he's tired but she carries on dancing
He's discarded at the gate
Trousers gaping with no buttons
And only flies still find him sweet

The heavens are the Lord's heavens and the earth
He gave to man, but whose is the table
And whose is the hand on the table?

Translated by Glenda Abramson & Tudor Parfitt

וְכָךְ אַתָּה עוֹמֵד

וְכָךְ אַתָּה עוֹמֵד, אֵפוֹא,
תָּמִיד בֵּין הַנּוֹף הַמְהֻלָּל
וּבֵין הַמְהַלֵּל אוֹתוֹ וּמַסְבִּיר אוֹתוֹ
לַמְּצֻטוֹפְפִים בְּמַעְגָּל נִלְבָּב.

אַתָּה שׁוּב לֹא מַפְרִיעַ.
וְהַמִּלִּים שֶׁלֹּא לְךָ נוֹעֲדוּ
מִתְחַלְּקוֹת עָלֶיךָ כְּרוּחַ, כְּתִסְרֹקֶת שֶׁל מַיִם
וְנִסְגָּרוֹת שׁוּב מִמְּךָ וָהָלְאָה.

אֶפִּיקוֹרְסוּת מְתוּקָה פּוֹרַחַת
כָּאן עֲדַיִן בֵּין סְלָעִים בְּרֵיחַ
מְיָאֵשׁ וּבוֹדֵד, כָּמוֹהָ
כִּפְרִיחַת הָאֱמוּנָה הָרִאשׁוֹנָה בְּאֵל אֶחָד.

צֶלַע הָהָר הֶחָתוּךְ בַּבַּרְזֶל
יַצְהִיב וְיַשְׁחִים בַּקַּיִץ
וּכְבָר בָּאָבִיב הַבָּא יַעֲלֶה עֵשֶׂב
לִהְיוֹת כְּכָל הַר בָּאָבִיב.

כְּמוֹ צְדָדִי שֶׁמִּמֶּנּוּ נֶחְתַּכְתְּ
לִפְנֵי שָׁנִים אֲחָדוֹת.

And So You Find Yourself

And so you find yourself always standing
Between the much-praised landscape
And the one that praises it and explains it
To those standing around him in an enthralled circle.

You don't interfere anymore.
And words, not meant for you,
Are divided again by your body
Like wind, like water being combed,
And close again beyond you.

Sweet atheism still blossoms
Around here among rocks
With a lonely and desperate smell, like
The blossoming of the first belief in one God.

The mountainside cut by iron
Will again turn yellow and tan in summer
And be covered with grass, next spring
To be like any mountain at springtime,

Like my side, from which you were cut away
Some years ago.

Translated by Y.A. & Ted Hughes

תַּיֶּרֶת

עַל אֶבֶן גְּדוֹלָה לְיַד שַׁעַר יָפוֹ
יָשְׁבָה נַעֲרָה זְהֻבָּה מֵאַרְצוֹת הַצָּפוֹן
וְשִׁמְּנָה אֶת עוֹרָהּ בְּשֶׁמֶן שִׁזּוּף
כְּמוֹ לְיַד הַחוֹפִים.

אָמַרְתִּי לָהּ, אַל תִּכָּנְסִי לַסִּמְטָאוֹת הָאֵלֶּה,
רֶשֶׁת רַוָּקִים מְיֻחָמִים פְּרוּשָׂה שָׁם,
מַלְכֹּדֶת נוֹאֲפִים. וּפְנִימָה יוֹתֵר,
בַּחֲצִי הָאֲפֵלָה, מִכְנָסַיִם נֶאֱנָחִים
שֶׁל זְקֵנִים, וְתַאֲוָה זָרָה בְּמַסְוֶה שֶׁל תְּפִלָּה
וְעַצְבוּת וּפִטְפּוּטֵי פִּתּוּי בְּשָׂפוֹת רַבּוֹת.

פַּעַם הָיְתָה כָּאן הָעִבְרִית
שְׂפַת הָרְחוֹב שֶׁל אֱלֹהִים,
עַכְשָׁו אֲנִי אוֹמֵר בָּהּ
דִּבְרֵי תְּשׁוּקָה קְדוֹשִׁים.

A Tourist

On a great rock by the Jaffa Gate
sat a golden girl from Scandinavia
and oiled herself with suntan oil
as if on the beach.

I told her, don't go into these alleys,
a net of bachelors in heat is spread there,
a snare of lechers. And further inside,
in half-darkness, the groaning trousers
of old men, and unholy lust in the guise of prayer
and grief and seductive chatter in many languages.

Once Hebrew was God's slang
in these streets,
now I use it for
holy desire.

Translated by Glenda Abramson & Tudor Parfitt

תַּיָּרִים

בִּקּוּרֵי אֲבֵלִים הֵם עוֹרְכִים אֶצְלֵנוּ,
יוֹשְׁבִים בְּיַד וָשֵׁם, מַרְצִינִים לְיַד הַכֹּתֶל הַמַּעֲרָבִי
וְצוֹחֲקִים מֵאֲחוֹרֵי וִילוֹנוֹת כְּבֵדִים בְּחַדְרֵי מָלוֹן,
מִצְטַלְּמִים עִם מֵתִים חֲשׁוּבִים בְּקֶבֶר רָחֵל
וּבְקֶבֶר הֶרְצְל וּבְגִבְעַת הַתַּחְמֹשֶׁת,
בּוֹכִים עַל יְפִי גְּבוּרַת נְעָרֵינוּ
וְחוֹשְׁקִים בְּקְשִׁיחוּת נַעֲרוֹתֵינוּ
וְתוֹלִים אֶת תַּחְתּוֹנֵיהֶם
לְיִבּוּשׁ מָהִיר
בְּאַמְבַּטְיָה כְּחֻלָּה וְצוֹנֶנֶת.

פַּעַם יָשַׁבְתִּי עַל מַדְרֵגוֹת לְיַד שַׁעַר בִּמְצוּדַת דָּוִד, אֶת שְׁנֵי הַסַּלִּים הַכְּבֵדִים שַׂמְתִּי לְיָדִי. עָמְדָה שָׁם קְבוּצַת תַּיָּרִים סְבִיב הַמַּדְרִיךְ וְשִׁמַּשְׁתִּי לָהֶם נְקֻדַּת צִיּוּן. "אַתֶּם רוֹאִים אֶת הָאִישׁ הַזֶּה עִם הַסַּלִּים? קְצָת יָמִינָה מֵרֹאשׁוֹ נִמְצֵאת קֶשֶׁת מִן הַתְּקוּפָה הָרוֹמִית. קְצָת יָמִינָה מֵרֹאשׁוֹ". אֲבָל הוּא זָז, הוּא זָז! אָמַרְתִּי בְּלִבִּי: הַגְּאֻלָּה תָּבוֹא רַק אִם יַגִּידוּ לָהֶם: אַתֶּם רוֹאִים שָׁם אֶת הַקֶּשֶׁת מִן הַתְּקוּפָה הָרוֹמִית? לֹא חָשׁוּב: אֲבָל לְיָדָהּ, קְצָת שְׂמֹאלָה וּלְמַטָּה מִמֶּנָּה, יוֹשֵׁב אָדָם שֶׁקָּנָה פֵּרוֹת וִירָקוֹת לְבֵיתוֹ.

Tourists

Visits of condolence is all we get from them.
They squat at the Holocaust Memorial,
They put on grave faces at the Wailing Wall
And they laugh behind heavy curtains
In their hotels.
They have their pictures taken
Together with our famous dead
At Rachel's Tomb and Herzl's Tomb
And on the top of Ammunition Hill.
They weep over our sweet boys
And lust over our tough girls
And hang up their underwear
To dry quickly
In cool, blue bathrooms.

Once I sat on the steps by a gate at David's Tower, I placed my
two heavy baskets at my side. A group of tourists was
standing around their guide and I became their target marker.
"You see that man with the baskets? Just right of his head
there's an arch from the Roman period. Just right of his
head." "But he's moving, he's moving!" I said to myself:
redemption will come only if their guide tells them, "You see
that arch from the Roman period? It's not important: but next
to it, left and down a bit, there sits a man who's bought fruit
and vegetables for his family."

Translated by Glenda Abramson & Tudor Parfitt